dyslexie

dans la même collection

Automédication le point de vue officiel
Dr Jean Pouillard et Dr Joany Vayssette
Bien nourrir les enfants de la génération soda
Rachel Frély et Josette Lyon
Ces hormones qui vous détraquent ou vous guérissent
Dr Hubert Sacksick
Le guide du consommateur bio
Rachel Frély
Le guide de l'écocitoyen
Dr Catherine Faber et Marie-Françoise de Pange-Talon
Hémorroïdes, MST et autres maladies anales
Drs Claude Altman et Marion Lagneau
L'hypnose qui soigne
Dr Jean-Marc Benhaïem
J'attends un bébé, parcours d'un futur père
Loïc Madeline
Maigrir, spécial enfants
Dr Patrick Serog
Maîtriser sa nervosité
Dr Michel Jossay
Médicaments d'antan des pharmacies d'aujourd'hui
Dr Madeleine Fievet-Izard
Mézières, une méthode, une femme: le dos réinventé
Sylvie Geismar
Nutrithérapie, la nouvelle façon de se nourrir
Dr Rose Razafimbelo
Le poisson c'est bon !
Béatrice de Reynal
Problèmes digestifs
Pr Guy Benhamou
Problèmes urologiques
Pr Pierre Colombeau
SOS jambes
Adrienne Delille

ISBN 2-84319-078-9

Geneviève Dansette, coordinatrice de la partie Au quotidien
(Gisèle Plantier, Jean-Charles Ringard, Véronique Roussillon,
Marie-France Roux, Marie-Françoise Wittrant)

Monique Plaza, coordinatrice de la partie scientifique
(Dominique Chauvin, Renée Cheminal, Sylvie Crépin,
Christine Davy-Aubertin, Bernard Echenne, Michel Habib,
Alain Hirt, Sylvie Raynaud, François Rivier, Nathalie Thomas)

dyslexie

Éditions Josette Lyon
19, rue Saint-Séverin
75005 Paris

Il y a les gens qui se plaignent et les trouveurs de solutions, ceux qui n'attendent pas que d'autres se chargent de leurs difficultés.

Ce livre a l'énergie des téméraires qui se battent, souvent avec humour, qui ne craignent pas de s'attaquer aux falaises de l'ignorance et de la sottise. On en ressort éclairé et confiant dans les ressources que représentent les différences humaines. Au fond, nous ne sommes pas responsables de tout ce qui nous arrive, mais nous restons totalement responsables du regard que nous portons sur ce qui nous arrive.

Eh bien ce texte donne envie de changer de regard sur la dyslexie. "J'aimais l'école, c'est l'école qui ne m'aimait pas" confie un ex-enfant dyslexique. On y revient toujours : l'essentiel est bien le point de vue que l'on porte sur les choses plus que les contraintes elles-mêmes, fussent-elles réelles.

Alors, en refermant ces pages, je forme le vœu que ce volume aide notre école à "mieux aimer" ses enfants dyslexiques, à changer de regard sur eux.

Parfois, certains livres sont utiles.

Alexandre Jardin

INTRODUCTION

Vous qui avez ce livre entre les mains, vous êtes tous différents, vous avez des domaines de compétence très divers, vous avez sur le sujet dyslexie de réelles connaissances, des doutes ou des attentes.

Vous avez tous un point commun, celui de vouloir le lire. Je vous propose d'essayer d'avoir un regard neuf sur la question, comme le regard d'un couple qui voit son premier enfant, au premier moment de sa venue au monde, et qui comprend que rien ne sera comme avant, regard neuf où tout sera découverte. Premier sourire, premier balbutiement, premier pas, premier mot... La hâte de l'entendre parler, courir, nager, aller à l'école, avec l'espoir secret qu'il sera comme tout le monde, qu'il étudiera sans difficulté, voire qu'il sera doué.

Alors, que se passe-t-il quand nous nous apercevons qu'il y a un grain de sable dans les rouages de notre cellule familiale ? Que notre cher enfant montre des signes de différence, qu'il n'apprend pas au même rythme que les autres, lui si vif, si intéressé par le monde qui l'entoure.

Ce constat, mes parents ont dû le faire bien souvent ; cette petite dernière sans problème à l'école primaire, qui aime la vie, boulimique de livres et qui décroche en 6ème : l'anglais ne passe pas, l'algèbre paraît lui être hermétique, la géométrie dans l'espace, incompréhensible. Pourtant, elle travaille tard le soir, les notes sont catastrophiques… Désintérêt du collège, renvoi, changement d'établissement, pension. Oui, ils ont dû se poser des questions et moi aussi, être mal et moi aussi. Qu'est-ce qui se passe dans la tête d'une jeune qui aime apprendre et qui n'y arrive pas ; qui comprend l'explication d'un cours et qui n'est pas capable de l'appliquer quelques heures plus tard ; qui apprend et ne retient rien ? Sentir que le sol se dérobe toujours, avoir besoin de plus de temps, d'un temps mieux utilisé, de plus d'explications et moins de critiques négatives, plus de compréhension et moins de désarroi familial. Décevoir alors que l'on désire faire plaisir. Être pris pour un enfant mal dans sa peau que l'on devient fatalement, alors que l'on se sent différent, plus intelligente et plus bête à la fois…

À 40 ans, un bilan m'a donné un mot à ces difficultés : dyslexie. Dans les années 60, il n'était pas étonnant de passer à côté de ce diagnostic.

Pourtant, pour mon mari, un bilan passé chez un psychologue a révélé une intelligence normale + mais de grandes difficultés dans l'écrit appelées dyslexie. Le système scolaire français n'était pas adapté à ses difficultés et sur les conseils de ce psychologue, il est parti en Belgique où il a pu suivre ses humanités et faire des études d'art dans lesquelles il a excellé.

Trois filles, nées d'un couple de dyslexiques, ont de grandes chances de l'être, finalement *chance* peut être exact.

Dans les années 70/80, il n'était pas plus facile de parler de ce problème que dans les années 60. L'École, dans son ensemble, ne connaissait pas le problème hormis sous l'aspect psychologique, et n'apportait pas beaucoup de solutions.

Comment trouver l'équilibre familial quand la vie quotidienne de vos enfants se résume à de mauvaises notes, à l'incompréhension de votre entourage, aux moqueries des camarades de classe. Comment organiser la vie autour des rééducations répétées, des devoirs à refaire et d'un stress installé ? Il fallait penser à une autre façon de gérer ces problèmes.

Les associations de parents m'ont permis de le faire. Ne plus se sentir seule dans la difficulté, chercher à comprendre, à rencontrer les scientifiques, avoir des fenêtres qui s'ouvrent dans un horizon qui semblait se résumer à l'échec scolaire.

Changer son regard, voilà le maître mot.

Voir ses enfants uniquement comme dyslexiques est réducteur et empêche de découvrir toute la richesse de leurs personnalités. Comprendre que ce temps qui joue apparemment contre le dyslexique dans ses apprentissages en primaire, va développer chez lui une réflexion, des stratégies pour arriver au résultat. Il met du temps à trouver la bonne lettre, le bon mot mais ses moments d'hésitations vont faire appel à d'autres facultés. Il devra être inventif, créatif pour exister autrement. L'humour sera la pirouette à la mauvaise note ; la réflexion, la réponse à ses doutes ; la compréhension et l'intuition l'aideront à envisager son avenir autrement, son don de la communication le fera aller vers les autres.

Si les parents sont suffisamment informés sur la dyslexie, (cette étrange façon de raisonner et de traiter l'information), ils pourront l'aider à croire en lui et être ce déclencheur de talent.

Mais si malheureusement, cette intelligence, pour des raisons de méconnaissance n'est pas appréciée, il acceptera son étiquette de « nul » et ne cherchera pas à prouver de quoi il est capable. Il se tournera vers le négatif car personne ne l'aura aidé à croire en lui, à trouver cette étincelle qui le propulsera vers un avenir plein d'espoir. Les problèmes comportementaux s'aggraveront, il sera de plus en plus difficile d'aider cet enfant en échec.

La mobilisation des associations de parents et la volonté de travailler en partenariat avec l'Éducation nationale et la Santé ont permis la reconnaissance de la dysphasie et de la dyslexie en 2000. Le Plan d'action 2001 suivi de la circulaire de janvier 2002 permettent d'envisager l'avenir plus sereinement.

Les années passent, les mêmes détresses de parents s'expriment, notre rôle associatif reste essentiel. Devant les mots efficacité, productivité, rapidité, qui sont ceux de notre monde d'aujourd'hui où tout doit aller vite, ces parents ne peuvent qu'opposer les mots manque de repère, confusion, lenteur, inquiétude.

L'enthousiasme qui m'habite, c'est d'aider les parents à se mettre en route comme j'ai été guidée, pour qu'ils permettent à leurs enfants de devenir des adultes heureux dans leur vie. Leur faire comprendre que prendre du recul, se donner un temps de réflexion, croire aux capacités de son enfant même si elles ne sont pas manifestes, peut être une force et non un handicap. L'écoute téléphonique nourrit la volonté d'avancer, entendre toujours les mêmes mots, les mêmes souffrances dans la simplicité du parent blessé, de l'amour des parents incapable d'apporter la solution à son enfant. L'injustice de l'échec d'un enfant ne peut pas laisser indifférent, nous devons continuer d'être son porte-parole.

Le travail de tous au sein des associations depuis plus de 20 ans, prouve que l'on a raison de croire en l'homme ; ensemble, nous avons rencontré nos ministres et ensemble nous avons obtenu des textes, et c'est grâce à cette conviction que nous faisons changer les mentalités. Apprendre à transformer en réussite ce qui n'était qu'échec. La dyslexie restera handicapante tant que la pédagogie ne s'adaptera pas mieux à cette spécificité, mais souhaitons que dans un avenir proche nos enfants seront mieux compris à l'école.

C'est le sens de notre engagement.

Geneviève Dansette,
présidente de la fédération APEDYS France

Remerciements

à Alexandre Jardin pour son engagement auprès de notre fédération,

et à Jean-Charles Ringard pour la disponibilité qu'il met au service des parents.

Pour contacter la fédération

APEDYS-FRANCE
3, impasse de la Pente
95280 Jouy-le-Moutier

01 30 30 22 62

PREMIÈRE PARTIE

AU QUOTIDIEN À L'ÉCOLE

I
L'ENFANT DYSLEXIQUE

Gisèle Plantier, auteur
présidente fondatrice de la fédération APEDYS France

Nous souhaitons faire partager au lecteur une expérience acquise au sein de nos associations depuis une vingtaine d'années au contact de plusieurs milliers de parents d'enfants dyslexiques. Notre but est de l'aider à reconnaître et comprendre son, ou ses enfants en difficultés spécifiques d'apprentissage.

AVOIR UN ENFANT DYSLEXIQUE

Vivre avec un dyslexique n'implique pas que l'on sache que l'on vit avec un dyslexique.

Peu de parents connaissent ce que recouvre le mot dyslexie, cette " *difficulté durable d'apprentissage de la lecture et d'acquisition de son automatisme, chez des enfants intelligents, normalement scolarisés, et indemnes de troubles sensoriels.* "

Il s'agit d'un handicap qui ne se voit pas, handicap encore et toujours mal connu en France des médecins en général, des enseignants et des psychologues scolaires, bien qu'il touche 8 % de la population scolaire.

Il n'est donc pas surprenant que des parents concernés par ce problème ne soient pas en mesure de comprendre pourquoi leur enfant, joyeux et pétillant d'intelligence en classe de maternelle, se métamorphose en cancre triste incapable d'apprendre à lire en cours préparatoire, et qu'ils soient prêts à endosser le poids d'une culpabilité injustifiée.

Si l'enfant en situation d'échec scolaire n'est pas obligatoirement dyslexique, en revanche le dyslexique non identifié est toujours, lui, en situation d'échec scolaire.

Il est le vilain petit canard de la couvée... à moins que la couvée ne soit toute constituée de vilains canards. Ce qui arrive relativement souvent, avec cette caractéristique que chacun d'eux ne présente pas systématiquement des troubles similaires à ceux des autres membres de sa fratrie, mais deux ou trois parmi le large éventail des troubles qui peuvent être, ou non, associés à une dyslexie[1].

Alors, comment vivre à la maison avec cette catégorie d'enfants ? Surtout comment les aider à mieux vivre, eux. Cela n'est pas toujours facile lorsqu'il y a plusieurs enfants et que les deux parents travaillent.

---

1. Ainsi ces trois frères : l'un, quatre fois "dys" (dyslexique-dysorthographique, dyscalculique et dysgraphique), excellent danseur, se distingue en natation, en foot, à ski. L'autre, lecteur né, piètre danseur, souffre de troubles d'orientation dans l'espace. Maladroit, il se perd, ne sait jamais où il vient de poser les choses. Le troisième, passionné de lecture, est dysgraphique, maladroit, doué pour la musique... mais ne danse pas toujours en cadence !

Il faut bien admettre que dans beaucoup de familles, la vie d'aujourd'hui où tout va vite, où dès le matin il faut se dépêcher pour avaler le petit déjeuner, faire un minimum de toilette, s'habiller, courir pour que chacun arrive à l'heure à l'école et au travail, ne convient pas à ces enfants dont l'une des caractéristiques est la lenteur.

Savoir que l'enfant est lent, qu'une vie bien structurée lui est nécessaire, peut aider les parents à réfléchir sur la meilleure façon de lui offrir à la maison des repères indispensables. Plus que d'autres peut-être, il a besoin de ressentir l'amour de ses parents, mais aussi une certaine forme d'autorité, pour connaître jusqu'où il peut aller.

Dès son plus jeune âge, il lui faudrait un cadre de vie stable avec, en quelque sorte, des rites pour lui permettre d'acquérir, jour après jour, réflexes et automatismes susceptibles de compenser, entre autres, des troubles d'orientation dans le temps et l'espace.

Parents attentifs, la plupart d'entre eux consultent régulièrement le pédiatre ou le médecin de famille. Souvent, les mères se montrent inquiètes : "*Au même âge, sa sœur faisait déjà des phrases* " ou " *Il est en retard par rapport aux enfants de sa classe* ".

Le médecin les rassure : " *Ne vous inquiétez pas. Cela se débloquera tout seul lorsque ce sera son moment à lui* ".

L'institutrice dit : " *C'est un manque de maturité* ".

Nombreuses sont les mères qui se reprochent de n'avoir pas suivi leur instinct et d'avoir perdu une, voire deux ou trois années, attendant un hypothétique déblocage.

Dans ce contexte, elles devraient suivre leur instinct et conduire l'enfant chez un orthophoniste vers l'âge de trois ou quatre ans, afin de s'assurer qu'il ne s'agit pas d'un trouble de développement du langage nécessitant une rééducation précoce. Faire pratiquer, vers six/sept ans, un bilan orthophonique avec, si nécessaire, une consultation pluridisciplinaire, afin d'éliminer ou de préciser l'hypothèse d'un handicap empêchant un apprentissage normal de la lecture. Mieux vaut un examen inutile que de passer à côté d'un trouble spécifique d'apprentissage dont les conséquences pourront compromettre gravement l'avenir de l'écolier, et de l'adulte qu'il deviendra.

LES PREMIERS SYMPTÔMES

Les caractéristiques déjà citées n'impliquent pas obligatoirement qu'il y ait dyslexie avérée. Il peut s'agir d'un simple retard. Mais d'autres petits détails sont beaucoup plus significatifs et devraient inciter à consulter s'ils persistent.

Par exemple, ce petit garçon qui réclame son *démicament* pour soigner sa *ramicelle* (varicelle). Celui qui veut des *pompoms* et demande des *pisous*. La petite fille qui refuse le *piatoca*, s'obstine à appeler son petit frère *cul* (Luc !) et, dans la rue, pleure derrière sa mère " *mam, pas me laisse* " !

Ces troubles de la parole, ces confusions de sons qui font sourire et amusent la famille peuvent être des signes avant-coureurs de dyslexie-dysorthographie.

Parmi les troubles souvent - mais heureusement pas toujours - associés à une dyslexie, il y a ceux de la psychomotricité, et de l'orientation dans le temps et l'espace.

L'enfant pourra être alors celui qui énerve son entourage, le maladroit qui renverse son bol de chocolat, casse les verres, bouscule les objets.
L'étourdi, le tête en l'air qui perd son écharpe, son bonnet, cherche toujours quelque chose.
Celui qui n'arrive pas à lacer ses chaussures, à boutonner un vêtement.
Celui qui est maladroit pour écrire, dessiner, qui écrira à l'envers ou de droite à gauche.
Celui qui est maladroit pour taper dans un ballon, apprendre à nager, à faire du vélo, incapable de reproduire ou de suivre un rythme.
Il est peut-être celui qui se perd, ne distingue pas sa main droite de sa main gauche, hier d'aujourd'hui ou demain.
Celui qui a l'air étonné de quelqu'un qui ne comprend pas sa propre langue lorsqu'il s'agit d'exécuter des consignes utilisant des termes comme *devant, derrière, avant, arrière, dessus, au-dessus, dessous, au-dessous, à droite, à gauche, en haut, en bas...*

Un pourcentage important d'enfants dyslexiques est bon ou brillant en mathématiques. Cependant, dès le CP ou le CE1, l'attention des parents pourra être attirée par la façon de travailler peu orthodoxe de leur enfant dans cette matière. Désorienté au sens premier du terme, commençant les opérations aussi bien par la droite que par la gauche, additionnant là où il faut soustraire, et vice versa, confondant les signes *moins* et *plus*, *plus* et *multiplier*, il a du mal à mener à bien une division, oubliant les retenues, hésitant pour savoir où inscrire un reste après avoir peiné pour soustraire.

Les résultats seront d'autant plus fantaisistes qu'il a du mal à retenir, dans l'ordre, les tables de multiplication !

Intelligent, il ne comprend pas toujours l'énoncé écrit des problèmes, d'abord à cause de sa lecture approximative, de la pauvreté de son vocabulaire qui fait que le mot essentiel lui échappe, qu'il ne fait pas, par exemple, la différence entre *autant de* et *autant que* ; ensuite à cause de sa mémoire immédiate défaillante qui ne lui permet pas de retenir tout ce qu'il vient de déchiffrer péniblement.

LA RÉÉDUCATION : PLUSIEURS CAS DE FIGURES

L'écoute téléphonique représente pour les associations comme l'APEDYS une mine de renseignements précieux. Les parents se livrent... et se délivrent, nous confiant ce qu'ils ne disent jamais aux professionnels, soulagés de se sentir écoutés et... compris, souvent pour la première fois.

Trop souvent, les parents découvrent la dyslexie de leur enfant seulement vers neuf ou dix ans, voire douze ou treize ans. En général, ils éprouvent une sorte de soulagement de pouvoir nommer ce qui représentait pour eux une énigme. Selon l'attitude de ses parents face à cette découverte, l'enfant se sentira lui aussi soulagé, revalorisé, plein d'espoir pour l'avenir, ou malheureux, angoissé, déprimé, par une réaction qu'il ne comprend pas.

Il faut lui expliquer le plus simplement possible, devant ses frères et sœurs, qu'il souffre d'un handicap qui ne se voit pas et l'empêche d'apprendre à lire normalement. Lui dire que s'il avait été myope, l'ophtalmologiste lui aurait prescrit des lunettes afin qu'il puisse lire comme les autres.

Parmi ces enfants tardivement diagnostiqués dyslexiques par une orthophoniste compétente ou par une équipe médicale pluridisciplinaire spécialisée, certains avaient déjà été pris en charge, sans grands résultats, soit chez un orthophoniste, soit dans le cadre de l'Éducation nationale (RASED, CMPP).

Des parents que l'on a culpabilisés nous disent ne pas avoir eu connaissance de bilans, ignorer en quoi consistait la prise en charge, ne pas avoir entendu prononcer le mot dyslexie, et n'avoir constaté aucun progrès significatif après deux ou trois années de prise en charge durant lesquelles il leur fallait attendre que leur enfant souffrant d'un blocage manifeste le désir de lire.

Des rééducations avaient été arrêtées, sans qu'un bilan soit remis aux parents ou envoyé au médecin prescripteur. " *Je ne peux rien pour lui* ".

C'est parmi cette catégorie d'enfants que l'on trouve ceux qui refusent de continuer parce que :

" *Au centre, ils veulent savoir des choses qui ne les regardent pas* "

" *J'ai mal répondu exprès et j'ai dit : à question idiote réponse idiote!* "

" *J'en ai marre de faire des jeux débiles, je préfère aller au foot* "

" *J'ai toujours zéro à la dictée, ça sert à rien !* "

Nos associations savent que trop d'enfants dyslexiques n'ont pas toujours bénéficié d'une rééducation orthophonique bien adaptée à leurs troubles spécifiques. Cela était lié aux incertitudes des connaissances sur la dyslexie et aux lacunes qui en résultaient dans la formation des orthophonistes.

Aujourd'hui, la formation initiale et continue des orthophonistes tient compte de l'avancée des neurosciences, des progrès dans le domaine de l'imagerie fonctionnelle. La plupart des orthophonistes utilisent pour leurs bilans des outils d'évaluation performants, indispensables pour mettre en place une rééducation sur mesure, adaptée aux troubles spécifiques d'apprentissage dont souffre l'enfant.

La place des parents

L'enfant étant dépisté, il est primordial pour les parents de connaître les caractéristiques du handicap dont il souffre afin de comprendre les difficultés auxquelles il se heurte jour après jour, tout au long de l'année, et d'en informer les enseignants. Il convient d'avoir des contacts réguliers avec son orthophoniste afin d'être au courant de l'évolution de la rééducation, et même de collaborer pour répéter à la maison certains exercices. Il est souhaitable, dans l'intérêt de l'enfant de favoriser un contact entre l'enseignant et l'orthophoniste.

L'enfant a besoin d'être rassuré sur ses capacités intellectuelles, de savoir qu'il n'est pas le seul dans son cas, que des gens célèbres sont ou étaient dyslexiques.

Jusqu'ici il s'est vécu comme un cancre, un nul, parce qu'on l'en a persuadé. Pour le dyslexique, en particulier, " l'enfer c'est les autres ". Il faut donc faire en sorte que le regard des autres, celui des copains, des cousins, des professeurs, change en son endroit.

Vivre avec un enfant ou un adolescent dyslexique dans un système scolaire encore mal adapté à ses besoins, c'est à chaque rentrée rencontrer de nouveaux professeurs, plaider sa cause, expliquer.

Lorsqu'ils sont bien informés ou eux-mêmes parents d'un enfant dyslexique, les professeurs peuvent comprendre que celui-ci a besoin de soutien pour s'accrocher, ne pas désespérer, et d'aide pour ne pas couler. Que leur objectif est de ne pas laisser gaspiller ses capacités de réussite. De le tirer vers le haut, en refusant les orientations qui ne correspondent pas à son potentiel intellectuel.

L'information des professeurs

Il n'est pas toujours aisé pour des parents d'informer un professeur que son élève est dyslexique. Celui-ci, comme la plupart de ses collègues, répondra peut-être que ce sujet n'a pas été abordé au cours de ses études. Et c'est la vérité.

Mais la réciproque est vraie. Il n'est pas facile, pour un professeur bien informé, d'annoncer à des parents que leur enfant est dyslexique.

Lorsqu'ils sont membres d'une association comme l'APEDYS, enseignants ou parents d'enfants dyslexiques ont à leur disposition des documents clairs traitant de la dyslexie, une bibliographie d'ouvrages de références.

Dans l'intérêt de l'enfant, il est souhaitable qu'ils entretiennent des relations suivies afin d'être au courant de ses difficultés propres en classe ou à la maison, de ses efforts, du temps passé à travailler chaque soir. Que le professeur sache, par exemple, qu'une leçon apprise la veille peut ne plus être sue le lendemain. Les Anglais disent joliment que *la dyslexie est une mémoire qui s'évapore.*

Conscients de leurs lacunes dans ce domaine, les enseignants sont de plus en plus demandeurs et certains adoptent une attitude positive dont les parents se félicitent : dictées plus courtes, rédactions notées sur le contenu sans tenir compte des fautes d'orthographe, appréciations encourageantes sur les copies en tenant compte des efforts fournis.

Le mot dyslexie et ses corollaires désignent clairement des troubles spécifiques d'apprentissage, des pathologies bien connues des médecins spécialisés. Non identifiés en tant que tels, ils sont susceptibles d'engendrer révolte, déprime, dégoût, rejet de l'école.

Activités extra-scolaires

Connaître les points forts d'un enfant dyslexique, les développer, est nécessaire afin qu'il ne perde pas confiance en lui, en ses capacités à réussir d'autres objectifs.

Dans cette optique, il est primordial de découvrir un domaine, en dehors de l'école, où il puisse s'épanouir selon son âge. Ce sera son refuge, sa bouffée d'oxygène, sa détente, un autre univers qui lui permettra de se distinguer et de supporter tout le reste ! Et peut-être sa bouée de sauvetage pour l'avenir.

L'éventail est large : sport, musique, peinture, dessin, danse, poterie, jardinage, bricolage, cuisine, pâtisserie, théâtre, mime, cirque, photographie, vidéo, informatique...

Encore faut-il ne pas se tromper ! Les parents se plaignent parfois que leur enfant dyslexique a commencé puis abandonné plusieurs disciplines : natation, danse, escalade, ou théâtre... que rien ne l'intéresse !

Le plus souvent, il s'agit d'une discipline dans laquelle il ne pouvait briller parce qu'elle demande, par exemple, une excellente coordination des mouvements, le sens du rythme, une bonne mémoire, qui justement lui manquent et qu'il lui faut entraîner. Partant d'une logique simple selon laquelle on aime faire ce qu'on réussit bien, l'enfant n'étant pas masochiste, se détourne d'une activité, supposée de loisir, mais qui lui demande beaucoup d'effort sans lui apporter plaisir et estime de soi. Dans ce domaine, l'école lui suffit amplement !

Conseils pratiques

À la maison

Dès l'âge de la maternelle, ou du CP, sa journée devrait pouvoir commencer... la veille au soir !

Toilette, repas, si possible toujours approximativement à la même heure. Au début, on l'aide à préparer ses vêtements pour le lendemain, à vérifier le contenu du cartable. Si nécessaire, on l'aide aussi à ranger ses jouets, par catégories.

L'important est qu'il sente la différence entre ordre et désordre. Qu'il se rende compte qu'il est plus facile pour lui de retrouver ce qu'il cherche lorsque sa chambre n'est pas trop en désordre. Donc lui donner l'habitude de ranger chaque jour avant de se coucher.

L'habitude étant une seconde nature, progressivement il parviendra, selon son âge, à mener à bien ce rituel du soir seul... ou presque ! Il suffira aux parents de superviser, dans la bonne humeur, que tout est prêt pour le lendemain.

Si cela est matériellement possible, le père ou la mère racontera ou lira une histoire avant d'éteindre la lumière.

Organisation du travail scolaire

Lorsqu'il travaille, l'enfant dyslexique a besoin de calme et de silence, sans radio ou TV à proximité.

À la maison, on peut aider l'enfant à organiser la partie étude de sa chambre.

Avoir une couleur pour chaque discipline permet de préparer plus rapidement son cartable. Par exemple, livres et cahiers de français en bleu, livres et cahiers de math en vert...

Dans la mesure du possible, posséder un casier, ou une étagère par matière favorise le rangement, facilite les recherches, évite les oublis préjudiciables pour la classe du lendemain.

Il est bénéfique pour lui d'avoir, affiché dans sa chambre, un emploi du temps assez grand, clair, où les différentes matières seront surlignées de la même couleur que les livres et cahiers correspondants.

Il lui est indispensable de connaître l'alphabet, dans l'ordre, afin de pouvoir se servir efficacement d'un dictionnaire. Les lettres de l'alphabet peuvent être affichées dans l'ordre sur l'un des murs de sa chambre.

Il existe également des alphabets chantés tout à fait indiqués pour un dyslexique (celui de Mozart, de Chantal Goya...).

On peut aussi beaucoup aider l'enfant dyslexique qui lit peu, a du mal à apprendre les règles de grammaire, en s'exprimant bien devant lui, en évitant les tournures négligées de langage.

De petites phrases bien construites avec un vocabulaire précis constituent le meilleur des cours de français par " imprégnation ".

Se souvenir qu'il se fatigue vite

...Qu'il résiste aux acquisitions nouvelles, à l'automatisme, qu'il oublie d'une façon déconcertante ce qu'il savait la veille, et qu'en conséquence il faut cent fois sur le métier remettre l'ouvrage. Sans se décourager, sans s'énerver.

Ne jamais oublier que le plus souvent la mémoire de l'enfant dyslexique n'est pas correctement alimentée en informations. Que c'est peut-être la caractéristique principale de son handicap. Pour pallier cette mauvaise intégration des informations au niveau du cerveau, il faut faire appel à des renforts : mémoires visuelle, auditive, gestuelle.

Ne jamais perdre de vue qu'il est lent

Le bousculer pour qu'il se dépêche ne sert à rien. Il vaut mieux le réveiller plus tôt afin qu'il déjeune et se prépare à son rythme dans un climat serein.

Lorsqu'il rentre de l'école, il a besoin de se détendre avant de faire ses devoirs et d'apprendre ses leçons.

Aide directe de la famille

Apprendre par cœur[2]

Retenir une récitation demandera beaucoup moins de temps et d'effort avec l'aide d'un magnétophone.

Un des parents enregistre lui-même le texte, distinctement, en mettant le ton.

L'enfant apprend à mettre en route le magnétophone, à l'arrêter, à revenir en arrière.

Consigne

" Mets le magnétophone en route.
Écoute la récitation entièrement (mémoire auditive).
Suis le texte avec tes yeux (mémoire visuelle).
Reviens en arrière et recommence.
Maintenant écoute seulement une ou deux phrases en suivant le texte du regard.
Arrête le magnétophone.
Cache le texte et récite, la ou les deux premières phrases. "

L'enfant parvient assez vite à faire correctement des allers-retours le nombre de fois nécessaire pour retenir la récitation entière ou en partie.

Il peut souligner au marqueur les mots ou membres de phrases difficiles à retenir (mémoire visuelle et gestuelle).

Cette technique est valable pour retenir une table de multiplication, sauf si l'enfant, peut-être dyscalculique, inverse les chiffres à la lecture (*ex : 6 x 7= 24*).

Il faut alors supprimer la phase " lecture " et n'utiliser que la phase " écoute ".

Apprendre... et retenir un résumé !

L'utilisation du magnétophone pour apprendre une récitation peut aider à découvrir si l'enfant retient mieux une leçon s'il la lit à voix haute (mémoire auditive), s'il surligne des mots ou des passages en couleur (mémoire visuelle), ou s'il fait des dessins ou des schémas (mémoire kinesthésique).

S'il est un auditif et si sa lecture est approximative, on peut l'aider en lui lisant son résumé d'histoire ou de géographie qu'il conserve sous les yeux.

S'il est un visuel, l'entraîner à repérer les phrases essentielles, les mots importants, à se fixer des repères et à les surligner en couleur.

Il peut avoir besoin de solliciter ces différentes " mémoires " pour retenir une leçon.

Il convient de l'entraîner à gagner du temps pour apprendre ses leçons et les réviser efficacement.

Apprendre et retenir l'orthographe des mots (par groupe de trois)

Là encore on fait intervenir les trois mémoires : visuelle, auditive et gestuelle ou kinesthésique.

CONSIGNE

" Lis le mot à voix haute ***bicyclette*** *(mémoire visuelle et auditive).*

Relis à voix haute en dessinant dans l'espace avec la main un feston pour chaque syllabe. ***bi cy clet te****. (mémoire gestuelle)*
Épelle: ***b i c y c l e t t e****.*

Maintenant ferme les yeux et recommence.
Lis le mot dans ta tête à voix haute... relis-le... dessine un feston dans l'espace pour marquer chaque syllabe... Épelle. "

Le lendemain, l'enfant révise, écrit les mots sous la dictée avant d'en apprendre trois nouveaux.

Mais la famille peut intervenir encore plus efficacement pour certains domaines dans lesquels l'enfant dyslexique est très souvent désorienté, notamment le temps et l'espace.

Orientation dans le temps

Dès l'âge de la maternelle, au CP et même plus tard, les parents peuvent aider leur enfant à améliorer son orientation dans le temps, c'est-à-dire qu'il sache le jour que l'on est.

Cela est possible en installant dans sa chambre un joli calendrier à feuillets détachables.

Chaque jour, au même moment, (le matin de préférence ou le soir), il arrache le feuillet du jour précédent, le range dans une boîte ou un pot de confiture.

CONSIGNE

Lui demander : " *Quel jour est-on ?* " Il regarde le calendrier.
L'entraîner à répondre : " *Aujourd'hui, on est lundi* ".
Lorsque la routine est bien installée, pas avant, ajouter la notion d'hier.

Lui demander : " *Hier, on était quel jour ?* " Il regarde le feuillet arraché. L'entraîner à répondre : " *Hier, c'était dimanche. C'est passé. Aujourd'hui, on est lundi* ".

Chaque dimanche, l'enfant lit (avec l'aide de l'adulte si besoin) à haute voix les jours de la semaine en rassemblant les feuillets rangés dans la boîte à l'aide d'un gros trombone.
On lui dit simplement : " *La semaine est finie* ".
L'entraîner à répéter, dans l'ordre, les jours de la semaine par groupe de trois.

Quand le mois est fini, on compte le nombre des semaines rassemblées dans la boîte. On compte : " *Une, deux, trois, quatre semaines. Le mois de mai est fini.* "
Prendre une nouvelle boîte et écrire " *juin* "
L'entraîner à répéter le nom des mois, par groupe de trois.
Il ne s'agit pas qu'il les dise tous, mais les répète dans l'ordre.
D'abord par trois, puis par six.

Cette stratégie fait intervenir simultanément les mémoires visuelle, gestuelle et auditive permettant une meilleure intégration des informations au niveau du cerveau.

Progressivement les mots *jours, semaine, mois, hier, aujourd'hui, demain* ne seront plus pour l'enfant des notions abstraites.

Aidez-le à les utiliser quotidiennement, sans en avoir l'air : " *Qu'est-ce qu'on a mangé hier* ", " *Quand vas-tu au judo, aujourd'hui ou demain ?* "

Orientation dans l'espace

Il est possible, à la maison, de faire intégrer à l'enfant certaines notions qu'il aura des difficultés à assimiler.

CONSIGNE

L'entraîner à écrire son nom en haut et à gauche d'une feuille, en disant " *j'écris mon nom en haut et à gauche* ".

Lui demander la même chose sur un tableau mural.

Lorsque la consigne est exécutée avec un certain automatisme, demander de la même façon d'écrire la date en haut et à droite.

Cela, afin qu'il intègre les notions de haut et de bas, de gauche et de droite sur le plan horizontal (la feuille), et sur le plan vertical (le tableau). Il peut être nécessaire également de mettre un point de couleur au début de chaque ligne, à gauche de la page, ainsi qu'une flèche dirigée vers la droite, afin qu'il sache où commencer et dans quelle direction écrire.

Améliorer le sens de l'orientation

Selon l'âge de l'enfant, on peut profiter des promenades à pied ou à vélo pour suivre le trajet sur une carte routière avec l'aide d'une boussole, pour l'entraîner à se repérer en sachant où est le nord.

À la plage, sur une terrasse... ou ailleurs, on peut aussi dessiner un grand cercle, le diviser en quatre angles égaux.
L'enfant se place au centre.

CONSIGNE

Tourne 90° à droite... 90° à gauche... 90° à gauche... 90° à droite...

À l'extérieur du cercle, inscrire sur le sol les points cardinaux en s'aidant de la boussole.

Tourne au nord... au sud... à l'est... à l'ouest... à l'est... au nord...

Il est drôle et souvent édifiant de faire participer chaque membre de la famille à ce qui doit être considéré comme un jeu et non comme une contrainte. La pratique de ces exercices permet de diminuer progressivement les temps de réflexion et d'acquérir un certain automatisme.

Certains jeux de société comme le jeu de l'oie, les petits chevaux, les dames, les échecs, le nain jaune... sont excellents pour développer, entraîner tout en s'amusant, certains sens indispensables aux apprentissages fondamentaux.

CONCLUSION

Les confidences, les témoignages de milliers de parents que les APEDYS ont pu recueillir tout au long des années, nous ont permis de suivre l'évolution de la situation des enfants dyslexiques dans notre pays, que ce soit à l'école ou à la maison.

Grâce à l'expérience acquise, nous sommes à même de les guider au mieux, de leur fournir les éléments de réflexions nécessaires, de leur faire connaître les mesures figurant dans le " Plan d'Action " issu des travaux de la commission Ringard, cela afin qu'ils sachent qu'ils peuvent éventuellement demander leur application.

Car il s'agit pour nous, association de parents, de ne jamais perdre de vue l'intérêt de l'enfant dyslexique à court ou moyen terme. Sans perdre de vue également, sa meilleure intégration possible dans la société sur le plan humain et professionnel.

---

1. Extrait du témoignage d'Emmanuel P. 29 ans ingénieur : "Merci pour la lutte que vous menez. Mon DEUG vous sera un exemple de plus qu'à force de courage, de travail, et d'un fort soutien familial, la personne dyslexique peut surmonter ses difficultés." (DEUG de lettre obtenu avec des cours par correspondance la même année que le diplôme d'ingénieur.)

2. Exemples extraits de " Trucs et Stratégies " ouvrage pégagogique interne à APEDYS France.

3. Extrait de " Les Malheurs d'un enfant dyslexique " (Albin Michel Éditeur) de Gisèle Plantier.

2
Des parents novateurs toujours en recherche de complicité

Marie-Françoise Wittrant, puéricultrice,
DIU en neuropsychologie

Les jeux lors des soirées familiales ont peu à peu disparu. Renouer avec cette tradition familiale ancestrale facilite la communication, les parties de fous rires.

Toutes activités, tous jeux développent ou stimulent inconsciemment une ou plusieurs fonctions cognitives, qui seront utilisées pour atteindre une certaine compétence et indépendance face au langage écrit.

Quelles sont ces fonctions et quelles suggestions pour développer les capacités en jouant?

Voici quelques pistes de loisirs familiaux faciles à suivre pouvant compléter le travail des rééducateurs.

Mémoire phonologique à court terme ou mémoire de travail phonologique

L'enfant entend un énoncé dicté par le maître, il est capable de le résoudre. Malheureusement, il se retrouvera en difficulté car il ne se souvient plus du début du problème.

- La répétition de chiffres (suivant l'âge de l'enfant)
les plus grands enfants ainsi que les parents tenteront de retenir un n° de téléphone
Reprendre une série de chiffres à l'envers (2 à 5)
- Le téléphone : à plusieurs (c'est plus drôle), une personne dit un mot, l'autre le répète et le reprend en y ajoutant le sien, ainsi de suite... Le résultat est surprenant.
- Apprendre les paroles d'une ou plusieurs chanson(s).
- Répétition de mots longs, peu connus de l'enfant (ex : anti-constitutionnellement).

Attention visuelle et Occulométrie

- La B.D "Où est Charlie". Retrouver les éléments précis de petite taille
- Le jeu "Le Lynx". Retrouver 3 petits dessins tirés au sort parmi plus de 300 sur un plateau
- Le jeu du plateau. Des objets divers déposés sur un plateau, une personne sort de la pièce en emportant le plateau, retire un objet et revient avec le plateau. Quel objet a disparu ?
- Le jeu "les mots cachés"
- Le mémory d'images. Il en existe pour les plus grands, et ils développent la culture générale (peintres...).
- Le mémory des mots (sans doute plus difficile)
- Le jeu des différences
- Retrouver les dessins identiques
- La broderie
- L'enfilage de perles, en respectant le code
- Décalquer et repasser sur un dessin

Evocation lexicale et lexique

La fluidité et la richesse du langage oral faciliteront l'entrée dans le langage écrit.

Un enfant qui n'arrive pas à mettre un nom sur une image ou à construire oralement un récit, se trouvera en difficulté lors d'une expression écrite.
- Désignation correcte des images (ex : la baignoire et non pas le bain ; c'est un fruit mais lequel ?)
- Le jeu "tic-tac boum" développe le champ lexical et la rapidité dans l'évocation des mots
- Le BAGOO qui enrichit le vocabulaire et familiarise l'enfant avec les termes (synonymes, antonymes...)
- Le jeu du petit bac (Plusieurs thèmes devant commencer par la même lettre).
- Donner le contraire d'un mot

Expression orale et écrite

Des aides techniques sont possibles pour les enfants (dictaphone, ordinateur), mais ils devront toujours construire leur texte ou leur récit.
Les enfants dys ont des difficultés à grouper les tâches (penser à l'histoire, écrire, développer et orthographier correctement).

Nous pouvons les aider sans faire à leur place :
- Lire une histoire. L'enfant en fera un résumé oral aidé afin qu'il soit bien construit.
- L'enfant a envie d'écrire un texte mais a peur de faire voir ses erreurs orthographiques, alors engagez-le à utiliser le dictaphone. Puis, à le coucher sur papier s'il en a envie.
Favorisez l'envie de devenir conteur, à défaut d'être lecteur confirmé ou écrivain.

Graphisme

- Le dessin et tous ses supports
- La pâte à modeler
- La broderie ou les lacets développent les gestes fins
- Les chiffres et pointillés, le but est de les réunir et de découvrir le dessin
- Le mikado : précision du geste

Perception visuelle, structuration spatiale, aptitudes visuo-spatiales

- Le tangram : reproduction de figures
- Le jeu des Piky-Mosaik
- Gérer un espace précis en reproduisant une scène (ex : ferme)
- Complétion de formes (réalisation d'un lego et/ou en suivant le plan)
- La bataille navale fait appel aux notions de géométrie (abscisse, ordonnée, axe)
- Le triamino
- Tous les jeux de plateau se jouant dans le sens des aiguilles d'une montre
- La natation (coordonner les gestes de la brasse n'est pas forcément évident)
- Les jeux vidéo de plateaux (Rayman, par exemple). L'enfant doit diriger en bas, en haut, devant, derrière...

La planification et l'anticipation

- Les jeux de dames ou d'échecs
- Toutes les suites logiques
- Réaliser les figures de forme pyramidale ou autres...
- Faire un gâteau ou un plat en respectant la recette (permet de planifier et anticiper les actions)

PSYCHOMOTRICITÉ ET LATÉRALITÉ

- Tous les jeux de balle et ballon
- La natation
- Les jeux d'équilibre
- Le jonglage, le diabolo
- La bicyclette

La liste est longue...

LES JEUX DE LECTURE ET LES JEUX DE LANGUE

- Les charades
- Les jeux de rimes
- Tous les jeux de lettres (scrabble, vocabulon)
- Le jeu du pendu

LE PLAISIR DE LIRE

La lecture chez l'enfant dyslexique peut, selon la sévérité de la difficulté, relever d'un effort surhumain. Les enfants dys n'ont que leurs moyens de compensation apportés par les rééducations comme prothèses après plusieurs années. (À contrario d'un enfant myope qui portera des lunettes).

Il est important qu'il garde ou renoue avec ce plaisir de lire.

- Lire avec eux
- Les inscrire à la bibliothèque et favoriser l'emprunt des livres cassettes
- Il est possible d'adhérer à une association "Les donneurs de voix" qui possède un panel d'œuvres enregistrées
- Actuellement, beaucoup de conteurs voient le jour et se produisent dans les ludothèques, mairies ou lieux publics.

Leur narration est parfaite, la famille est captivée.

- La télévision bien gérée est un très bon outil
- Les sorties familiales : le premier dimanche de chaque mois les musées sont accessibles gratuitement.
- Les sorties nature ou autres
- le Centre régional de documentation (C.R.D.P) peut aussi apporter un soutien audio-visuel sur un thème précis. L'abonnement est d'environ 13 € par an. L'accès est possible aux familles.

La priorité de notre couple est l'unité familiale, nous commettons inévitablement des maladresses, mais la foi en nos enfants de personnalité et d'ambition différentes est omniprésente. Trois de nos cinq enfants sont porteurs d'un trouble du langage écrit, moyen ou sévère.

Les échanges entre " professeurs, orthophoniste, ergothérapeute " sont réguliers en présence de notre enfant. Nous provoquons les rencontres entre professionnels.

Parallèllement au partenariat de confiance établi avec les équipes pédagogiques et rééducatives, nous continuons à vivre normalement, certains loisirs sont privilégiés ou imaginés pour un temps donné, afin de stimuler telle ou telle acquisition.

Tous les enfants aspirent à atteindre leurs ambitions qui les mèneront à leur vie d'adulte.

Gardons en mémoire que nos enfants dyslexiques sont curieux, intelligents, vifs, avec cette appétence à la connaissance qui leur est propre ; alors le développement de l'enfant l'emportera sur notre désarroi et sereinement nous avancerons dans notre métier de parents.

3
LA DYSLEXIE À L'ÉCOLE

Marie-France Roux, infirmière

Nous vivons dans une société où l'écrit et le langage ont pris une place prépondérante. Il n'est donc pas étonnant de voir que les premières descriptions de dyslexie faites par des médecins de santé scolaire anglais, datent de 1896, dans les décennies qui ont suivi la généralisation de la scolarisation pour tous les enfants.

La dyslexie, qui est en train de sortir de l'ombre, n'est pas un trouble à la mode ; c'est l'ampleur que le sujet a pris jusqu'à en devenir un problème de santé publique qui a alerté les ministères concernés (Santé et Éducation nationale).

Ainsi, au sein d'une institution scolaire qui a des exigences de plus en plus nombreuses, complexes, trop souvent de nature compétitive, et qui accorde une très grande importance à la réussite scolaire, les dyslexiques sont devenus de véritables handicapés (handicap : qui ne peut répondre à une demande sociale).

Dans d'autres contextes, ce trouble peut passer inaperçu.

Comment résister à la pression des enjeux en cours et des programmes très chargés ? Certains enfants se sont vus progressivement perdre pied dans le courant du fleuve des mots et de l'orthographe. Les enseignants qui les ont eus dans leurs classes, souvent au bénéfice de l'âge, n'ont pas toujours pu ralentir le flux du programme, ni se pencher sur l'eau pour les sauver de la noyade. D'autres enfants, mieux entourés, ont pu, grâce à beaucoup d'efforts, traverser ce long parcours d'écolier où l'élève a parfois effacé l'enfant.

TÉMOIGNAGE

" Lorsque j'étais petite, j'étais toujours punie parce que je n'avais pas fait signer mon bulletin. Le zéro en orthographe souligné trois fois en rouge et les remarques complémentaires qui l'aggravaient, telles que : " Marie-France a mérité une note (blâme) d'inattention aux leçons de calcul et une note de désordre : elle n'a jamais ses bons livres en classe. " Mais aussi : " du travail, de l'intelligence, de l'intérêt, gâchés par l'étourderie " - " pleine de bonne volonté, mais trop dissipée, "...

Toutes ces observations avaient fini par me faire croire que j'étais vraiment... une mauvaise élève et donc une mauvaise petite fille.

À cause de cela, les week-end étaient toujours gâchés car je n'avais qu'un choix : ou montrer ce bulletin, ce qui - je le savais - ne ferait que renforcer la déception et l'inquiétude de mes parents à mon sujet, ou être punie par la maîtresse parce qu'il n'était pas signé. La décision était vite prise : j'étais punie... et en plus cela me semblait juste !

Personne n'a jamais compris cette peur au ventre que j'éprouvais, ni le poids de mon sac où je cachais ce bulletin.

J'ai pu aller jusqu'en seconde, grâce à beaucoup d'enseignants encourageants qui ont fait de leur mieux pour que je ne baisse pas les bras. Ils m'ont soutenue dans mes réussites en dessin et en sciences naturelles. Mes parents aussi, qui inlassablement m'ont fait apprendre mes leçons, refaire mes devoirs, réciter les tables de multiplication et les préfectures de département jusqu'à des heures avancées de la nuit... mais sans résultat aux interrogations du lendemain.

Puis un jour, une intervention chirurgicale me dispensa de classe. J'étais bien à l'hôpital car j'y étais reconnue comme souffrante. Aider et soulager les autres s'est alors imposé à moi comme avenir.

Le concours d'entrée à l'école d'infirmières réussi du premier coup m'a permis d'arriver au centre hospitalier universitaire de Strasbourg. La vie, la vraie, s'ouvrait à moi, les stages pratiques se succédaient avec de très bonnes notes.

J'obtins mon diplôme d'État d'infirmière, malgré une diminution des notes à l'écrit de 50 % à cause de l'orthographe, après deux années de travail acharné. J'étais en effet obligée de reprendre le soir tous les cours gribouillés sous forme de dessins et de schémas dans l'après-midi, soit double travail.

J'eus la chance par la suite, en tant qu'infirmière, de rencontrer des personnes de valeur qui m'ont fait confiance, et de participer à la création et au développement d'un établissement médical spécialisé dans le traitement des troubles du langage écrit. Je découvris alors, soudainement et très clairement, l'explication de mon long et douloureux chemin d'enfance.

J'ai beau savoir maintenant que je ne suis ni fautive (comme mes fautes d'orthographe), ni paresseuse, ni indisciplinée, je l'ai cru pendant si longtemps que j'ai du mal à en effacer les cicatrices malgré la clarté faite.

C'est ainsi que j'ai été chargée dans le cadre de cet établissement, depuis de très nombreuses années, des relations avec les équipes des centres hospitaliers prescripteurs, les enseignants et les parents en amont et en aval des séjours, et notamment de la réintégration scolaire des enfants et de leur suivi après leur séjour. "

L'ÉCOLE DES DEUX CÔTÉS DU BUREAU

J'ai croisé ainsi de nombreux itinéraires de dyslexiques tant en primaire qu'au collège, et rencontré beaucoup de professionnels de la rééducation, de l'enseignement public et privé. Nombre d'entre eux se questionnent, s'informent, recherchent, partagent, se battent, accueillent et aident ou gardent leurs habitudes. Il y a aussi ceux qui, malheureusement, campent sur une position de déni, ou de suffisance d'un savoir ancien et fermé. Et puis surtout, ceux qui " ne savaient pas que c'était si grave " !

Alors, écrire ce chapitre, pour moi, c'est simplement tenter d'aider les jeunes générations, les enfants et les enseignants à mieux comprendre ce qui se passe vraiment au sein de l'école des deux côtés du bureau ! Les réponses ne seront pas fixées ni universelles ; elles seront à construire par chacun, dans la spécificité de chaque partenaire.

QUE FAUT-IL POUR QU'UN ENFANT FASSE UNE BONNE SCOLARITÉ ?

Un bon état psychologique

Il doit *vouloir* apprendre à lire, avoir envie de grandir et être capable de sortir de sa maison pour établir d'autres relations que celles qu'il a vécues à l'intérieur du cadre familial, avec une confiance suffisante dans ses capacités et vis-à-vis des nouveaux adultes qui vont l'entourer.

Un équipement neurocognitif efficace

Les fonctions neurologiques concernées doivent être arrivées à maturité. Les acquisitions et la progression de l'enfant ne peuvent se faire qu'à partir de cette condition. Par exemple, sur le plan psychomoteur, les enfants ne sont pas tous prêts à marcher à dix mois... certains ne le feront qu'à vingt-quatre. Or, ils ne sont pas non plus égaux vis-à-vis de la lecture. Quelques petits écoliers de quatre ans rentreront dans le décodage avec une facilité déconcertante. D'autres, malgré beaucoup d'aide, arriveront au collège très démunis devant un livre ouvert.

Bien recevoir le savoir

L'enseignement doit se faire de la manière la plus adaptée à ses besoins, avec une priorité de la progression (correspondant à ses acquisitions véritables) sur le programme forcé de la classe, dans un cadre facilitant les apprentissages. C'est-à-dire, par exemple, évitant les classes surchargées, les changements fréquents d'enseignants, la violence ambiante (moqueries, paroles humiliantes et comportement de rejet), le manque de discipline, l'absence de mesures d'aide individualisée...

Le manque d'un seul de ces éléments empêche le bon déroulement de la scolarité. L'enfant dyslexique, touché au départ uniquement par un trouble du développement des fonctions cognitives, peut ainsi se retrouver en grande difficulté du fait d'un contexte scolaire défavorable, qui ne manquera pas de fragiliser sa motivation déjà bien entamée.

L'ENFANT DYSLEXIQUE À L'ÉCOLE

Témoignages

" M. perdait souvent connaissance le matin, juste avant de partir en classe " disait sa maman. Et à la question : " Pendant les vacances, cela lui arrivait-il aussi ? " " Ah non, pendant les vacances, il allait toujours bien! "

" L'écol où je sui n'es pus aussi bien c'avans. J'ai un maître drole mais qui ne s'ocupe pas de moi qui sui en dificulté et mes dictés ont toujours des movaises notes. Je pense que ce 'ai pas avec sa que je vais passer dans d'outres classe. "

" Depuis que j'ai six ans que je vais à l'école, ma vie est un véritable enfaire quar les maîtresses croiller qui j'aiter un movese élève alore que j'aité dislexique. "

" Tout a commencé au sépé. Je ne savais pas lire ni écrire. On croier que sété petaite les sieux ou les oreille alors je suis allé faire des egsamins. A neuf ans j'étais toujours au CP-CE1 pendant deux ans. Aprè ma maitresse a dit que j'étai trau grande alore elle a dit tu va allez au CM1 alore que je n'avais pas le nivo. "

Si son enseignant le connaît peu et ignore les raisons de ses comportements et de ses échecs, il ne pourra ni l'aider, ni bien l'accepter au sein de sa classe. Par contre, lorsque l'enfant sent que son nouveau maître (ou sa maîtresse) a cherché à comprendre comment il lit, écrit, copie, s'oriente et pourquoi il souffre, un lien de confiance peut alors s'établir mutuellement, et permettre d'éviter des erreurs.

Ses points faibles

" *J'avais pas le temps de tout écrire que le contrôle était terminé et pourtant je savais les réponses.* "

" *Moi on ne me faisait même plus faire les dictées parce que j'avais toujours en-dessous de zéro.* "

Ce trouble qui affecte surtout le langage écrit peut, dans de mauvaises conditions scolaires toucher aussi l'enfant dans sa personnalité en construction et ses liens sociaux.

Les dégâts de l'échec quotidiennement renouvelés (souvent toute une enfance) peuvent être très sévères et plus difficiles à rattraper que des notions de grammaire et d'orthographe. Certains enfants auront essayé de donner l'illusion mais en vain. Les mécanismes mis en place, les empêchant la plupart du temps de rentrer dans un véritable apprentissage, se révèleront très négatifs et se retourneront contre eux. À les regarder, on a le sentiment qu'ils ne peuvent pas choisir autre chose que le plus long chemin pour aller d'un point à un autre.

" *Maxence s'efforçait continuellement d'apprendre afin de ressembler aux autres enfants, pensant qu'il y arriverait. En classe, il pressait si fort sur son crayon qu'il en déchirait le papier et lorsqu'il levait son regard sur le cahier de Romain et Camille, ses voisins, voyait leurs pages propres et remplies et revenait sur la sienne, déchirée, tachée et à moitié vide, il était paniqué à l'idée que le maître qui approchait prenne son cahier pour le montrer aux autres... prouvant ainsi qu'il n'avait pas sa place en classe. Et Maxence le croyait. Il avait longtemps essayé de cacher ses difficultés. Il tentait de se rappeler le texte de lecture. Il écoutait attentivement les mots qui se disaient, pour faire ensuite semblant de déchiffrer. Mais sur la feuille, les lettres, les images de mots se mélangeaient et son cahier était un tissu indéchiffrable de lettres tortillées. Il voulait apprendre, il avait besoin d'être estimé. Il ne comprenait pas davantage que son professeur ou ses parents son échec et cela commençait à le ronger intérieurement.* "

Ces enfants ont en effet souvent une piètre image d'eux-mêmes et un vécu de honte vis-à-vis des copains, cousins et fratrie. Il faut donc expliquer aux autres enfants, ou leur demander d'expliquer eux-mêmes, les raisons de leurs besoins de rééducations et d'adaptations scolaires.

" *Je travaillais des fois chez un copain. Lui il avait fini en cinq minutes et moi il me fallait une heure alors j'étais découragé.* "

Ils sont dévalorisés et sujets aux moqueries, à l'agressivité, à la violence.

" *J'étais au fond de la classe, près des poubelles.* "

" *Des élèves ont abîmé mon cartable parce que la maîtresse a dit que j'étais nul. Je ne savais plus où me mettre.* "

" *Le maître montre à tous mes devoirs pleins de rouge et raturés.* "

" *Les autres de ma classe ne me demandaient jamais de jouer avec eux à la récré. Alors je stationnais tout seul dans un petit coin de la cour... et je trouvais la récréation très longue !* "

" Je restais une heure aux toilettes, pour ne pas souffrir en classe. "

" Des fois je voudrais changer de cerveau. "

" Une maîtresse a dit que j'étais débile et j'avais tendance à le penser même si tout au fond de moi, je savais que je ne l'étais pas. "

" Moi, c'est les autres qui me l'ont dit. "

" En calcul mental, les nombres se bousculent dans ma tête et je n'arrive pas à les faire sortir. "

Ils se vivent eux-mêmes aussi comme différents ou anormaux parce que peut-être ils n'ont pas bien compris les raisons de leurs difficultés. Ils sont très vulnérables aux jugements, aux sanctions inadaptées. Ils sont aussi sensibles aux mains tendues.

" Quand j'avais 11 ans j'était en CM2 des que je suis rentrée dans l'école je meux suis assi sur un banc et je ne bouj'ai plus puis quand je suis rentrée en classe la maîtrèsse socupais pas de mois elle me maité dans un couain seul puis à la récréation j'été en cor a si sur un banc saudain un camarade de classe vien me voir et me dit tu veux jouer avec nous comme sa que je ne rétépas seul sur mon banc maix la mètrèsse s'été toujour parraille. "

" On est normaux... mais différents. "

Ils peuvent aussi, pour survivre, compenser leur inaptitude à fonctionner convenablement par des conduites inappropriées.

" J'ai essayé de faire l'école buissonnière mais le portail était fermé. "

Taquins, impolis voire violents, ils expriment ainsi leur mal-être, espérant être remarqués et peut-être aidés ?

Ces enfants ayant souvent des difficultés à fixer leur attention sont distraits par une mouche... et leur cerveau vagabond leur permet de partir vers une autre planète, faite souvent de poésie (à partir de mots tordus on peut créer un autre univers), d'art, d'ironie, d'humour et de sensibilité.

Ces situations peuvent, par effet de cumul, avoir des répercussions sur l'humeur de l'enfant et son comportement avec, à long terme, des conséquences affectives, sociales et psychologiques :

- une érosion de la motivation
- un rejet de l'école, de l'écrit, et de la lecture
- une fatigue intellectuelle et psychique, menant à la dépression.
- un sentiment de nullité avec effondrement de l'estime de soi et perte de l'envie de faire, suivie de la perte du savoir-faire.
- des somatisations : énurésie / encoprésie, obésité / anorexie, maux de ventre / constipation et vomissements, maux de tête, malaises vagaux, asthme...
- des perturbations du caractère et du comportement.

Ses points forts

"*J'aimais l'école, c'est l'école qui ne m'aimait pas.* "

Dans de bonnes conditions et en confiance avec leurs enseignants qui les admettent tels qu'ils sont, ils peuvent réaliser beaucoup de tâches en y mettant tout leur cœur (et un peu plus de temps !).

Le tableau suivant représente les compétences comparées d'un élève dyslexique par rapport à celles d'un enfant en difficulté globale d'apprentissage ou en blocage psychologique.

ENFANT DYSLEXIQUE	ENFANT EN DIFFICULTÉS AUTRES
Il aime l'école et conserve un intérêt culturel. Il est curieux dans de nombreux domaines.	Il a peu de goût ni d'appétit pour les apprentissages.
Il est ouvert aux aides extérieures : orthophonie, soutien scolaire.	Il demande rarement de l'aide.
Souvent bon à l'oral.	Souvent en retrait vis-à-vis de la vie de la classe.
Compétences très contrastées selon les domaines : il peut avoir un niveau de CM2 en maths et de CE1 en français.	Compétences globalement affaissées, et de façon homogène.
Peut montrer de réels talents en dessin, poésie, maths.	Ne manifeste pas ses compétences.
Ne se décourage pas facilement (les efforts fournis depuis la petite enfance l'ont rendu plus endurant).	Résistance limitée.
Il aime faire plaisir, est très sensible et attentif aux autres (ses expériences pénibles lui sont utiles : parce qu'il est souvent malheureux, il arrive à mieux comprendre la peine des autres... même celle de son professeur!)	Peu de sensibilité exprimée.
A le sens de l'humour. Joue avec les mots et les situations.	Plutôt passif.

" On peut combatre la dyslexie en travaillant à l'école a reprendre se cont a pas compri, a suivre une orthophonissete, un noro-sicologe ou on peut la combattre mais on aura toujours des difficulter mais anné en anné ont s'améliaure si on a de la volonté. "

REPÉRER UN ENFANT DYSLEXIQUE DANS SA CLASSE

" Ayant enseigné pendant plus de 10 ans en cycle secondaire, je me suis souvent trouvée devant des enfants en difficulté d'écriture et de lecture. Ce qui n'a rien d'extraordinaire puisque les élèves sont justement en apprentissage. Certains ont simplement besoin d'un peu plus de temps que les autres. Mais parfois il ne s'agit pas que d'un problème de temps. D'autres paramètres peuvent gêner cet apprentissage. "

Sylvaine Chevigné, enseignante

La dyslexie est un problème fréquent et pourtant mal connu.

Les troubles du langage écrit concernent de manière plus ou moins sévère 8 à 10% de la population scolaire. Tout enseignant a donc déjà pu se trouver confronté à ce problème.

Les enseignants ont peut-être aussi vu passer dans leur classe des enfants porteurs de difficultés sérieuses de la vue, de l'audition ou de la motricité. Ils ont aussitôt adapté à chaque cas les réponses correspondantes. L'enfant myope a porté ses lunettes et a été placé dans les premiers rangs si cela l'aidait. Les appareils auditifs de l'élève malentendant ont été bien ajustés et ce dernier a trouvé une place près de la maîtresse afin que la proximité l'aide à lire sur les lèvres.

Quant au jeune handicapé moteur, il ne serait venu à l'idée de personne de lui demander un effort généralisé dans le domaine de la marche ! Aucun de ces enfants n'a eu besoin de convaincre qui que ce soit de son besoin d'assistance spécifique.

Or, en ce début du 21ème siècle, certains enfants sont encore jugés paresseux, fragiles affectivement ou avec niveau d'efficience intellectuelle inférieure (leurs camarades dans la cour de récré les appellent tarés ou gogols). Certains sont placés dans des institutions pour troubles du comportement et ne devraient pas s'y trouver, car tous ceux-là souffrent de troubles spécifiques du langage écrit, leurs difficultés sont difficiles à repérer (on parle de handicap invisible) et les adaptations qu'elles nécessitent ne sont pas encore très connues.

Leur histoire d'enfance pourrait être banale ; dans leur dossier, rien apparemment qui puisse alerter. Ce sont des enfants intelligents, vivant dans des familles comme les autres, entrés à l'école à l'âge habituel, pleins d'entrain et d'ardeur, avec envie initiale d'apprendre à lire et à écrire. Et puis, ils n'ont pas pu... alors ils ont redoublé, voire triplé, le CP. Ils sont devenus moroses, tristes, coléreux. Le cycle infernal est enclenché. Ils patinent dans le programme, surtout en français. Ils n'en parlent pas, leurs cahiers parlent pour eux ! La lassitude, la déception, la démission s'installent.

Beaucoup d'enseignants, déçus par les résultats de ces élèves qui paraissaient si prometteurs, exercent une certaine pression sur eux, destinée à provoquer un supposé déclic et à les faire démarrer. Ils noteront dans leurs bulletins des " peut mieux faire " et " peu enclin aux efforts ". J'ai même vu un " s'efforce de ne pas réussir ".

Rapidement, les jugements défavorables et injustifiés de leurs enseignants les bloquent ; la désillusion de leurs parents, les moqueries de leurs camarades vont installer chez ces enfants un profond sentiment de dévalorisation et aussi d'injustice (en effet, ils ne pouvaient pas réaliser le travail demandé alors qu'ils avaient fait d'énormes efforts pour essayer d'y arriver).

Ce mauvais départ va pénaliser l'élève dyslexique mais aussi fragiliser l'enseignant en ne favorisant pas un climat de confiance. Les parents, conscients de la souffrance de leur enfant et de l'inadaptation des évaluations ou remarques, risquent parfois de prendre sa défense en dévalorisant l'attitude du maître sur certaines corrections ou avis.

Tous les partenaires se retrouvent perdants, surtout l'enfant !

Beaucoup d'enseignants s'interrogent aussi dans leur solitude. Ils ont peur de ne pas savoir bien s'y prendre. Ils sentent bien que la difficulté de cet enfant déroutant n'est pas simple. Ils se surprennent à être agacés par ces jeunes qui semblaient bien comprendre le problème ou les consignes, mais qui trébuchent ainsi pour écrire leurs réponses.

Malgré le temps passé à leur côté, ils ne voient ni progression ni véritable succès. Les enseignants se retrouvent alors face à de nouvelles questions qui subsistent sans qu'ils puissent y apporter une solution.

Quels sont les signes qui indiquent qu'un enseignant est en présence d'un enfant dyslexique ?

De nombreux signes peuvent alerter :

- il semble brillant
- il réussit bien certaines choses mais échoue dans plusieurs matières
- il n'écoute pas, ne se souvient pas de ce qu'on lui dit, ne peut différencier des sons similaires
- il commet des erreurs de lecture
- il commet des erreurs d'orthographe
- il inverse les lettres
- il lit lentement et mal
- il perd la ligne lorsqu'il lit
- il a du mal à copier au tableau

Il ne fait pas forcément toutes ces erreurs à la fois, et peut en commettre aussi beaucoup d'autres.

Dois-je patienter ?

Oui, car tous les enfants se trompent en début d'apprentissage.

Quand dois-je m'inquiéter ?

Au-delà de douze à dix-huit mois de décalage dans l'apprentissage de la lecture. Après avoir remarqué un dysfonctionnement ou des difficultés dans certains apprentissages, il convient de faire appel aux professionnels de santé auxquels revient la responsabilité d'un diagnostic : médecin généraliste qui prescrit un bilan chez l'orthophoniste, puis, si besoin, centre de consultations spécialisées possédant une équipe pluridisciplinaire (neuropsychologue, orthophoniste, psychomotricien, psychologue), neuropédiatre, phoniatre si besoin par la suite.

Même pour la dyslexie dépistée seulement au collège ou au lycée, il est encore temps de mettre en place une rééducation et une adaptation pédagogique. Le temps ne peut que laisser s'aggraver la situation. Quand un enseignant constate un ou plusieurs signes, il peut demander avant toute démarche à rencontrer les parents, qui sont souvent conscients du problème pour l'avoir déjà eux-mêmes rencontré dans leur passé scolaire (la dyslexie se retrouve souvent dans une même famille) pour leur confier ses interrogations et ses inquiétudes.

Une collaboration étroite entre parents, enseignants et rééducateurs doit s'établir le plus vite possible autour de l'enfant pour bâtir avec lui (c'est très important) un plan de soutien cohérent et bien réparti dans son emploi du temps. Cet enfant aura en effet autant besoin par la suite de rééducation du langage que d'une adaptation de l'enseignement qu'il reçoit.

Vers qui dois-je me tourner pour aider l'enfant ?

Sur le plan pédagogique

L'Éducation nationale a créé des structures pour aider les enfants en difficultés :

1. Le RASED (Réseau d'aide spécialisé aux élèves en difficultés) composé d'une équipe complète peut apporter un soutien individuel ou en groupe au sein même de l'école primaire.

2. Le Conseil de Cycle au sein de l'école primaire, ou le directeur d'établissement dans le second degré, peut proposer la mise en place d'un Projet d'intégration individuel (PAI, PIIS, PPA...).

3. La Commission d'Éducation spéciale CCPE (Commission de circonscription pour le primaire), la CCSD (Commission de circonscription pour le second degré), la CDES (Commission départementale d'éducation spéciale) proposent des aides particulières, une adaptation, une intégration, ou une orientation vers une SEGPA (Section d'enseignement général et professionnel adapté), une EREA (Établissement régional d'enseignement adapté), ou un établissement spécialisé médical et scolaire.

Sur le plan du trouble et de ses soins

Des liaisons d'information mutuelles et d'harmonisation sur les éléments utiles à chacun sont particulièrement souhaitables avec le médecin généraliste ou spécialiste, le neuropsychologue, l'orthophoniste ou le psychomotricien.

À l'âge de six ans, le bilan fait par le médecin scolaire peut alerter sur certaines difficultés et ainsi permettre une attention particulière à la façon dont la lecture va démarrer. L'aide d'un psychologue peut s'avérer nécessaire pour aider l'enfant à se redisponibiliser, à reprendre confiance dans ses capacités et retrouver sa place à l'école.

L'application des mesures prises à la suite du rapport Ringard, impliquant de manière cohérente les ministères de la Santé et de l'Éducation nationale, devraient améliorer, par la mise en réseau autour d'un centre référent, le dépistage, le diagnostic, les rééducations et les possibilités d'adaptation scolaire et d'intégration, de formation (DU : diplôme universitaire accessible aux enseignants), d'accès à de la documentation dans des centres Ressources et lieux d'écoute...

Encore faut-il apprendre à se rencontrer, s'écouter, se comprendre, et changer d'habitudes...

Comment l'aider au sein de ma classe ?

" Les premières années du primaire, J. était toujours malade, maux de ventre ou de tête, vomissements. Il y avait toujours quelque chose qui n'allait pas. Cette année, les difficultés sont toujours là, mais il va volontiers à l'école parce que sa maîtresse le comprend mieux. Même malade il a envie d'y aller. "

" L'an dernier, en CM2, j'avais un élève dyslexique déjà suivi par une orthophoniste. Après un entretien avec ses parents (eux-mêmes dyslexiques d'ailleurs), j'ai été informée de sa difficulté et cela m'a permis d'avoir une attitude plus adaptée devant ses échecs. J'ai été plus conciliante, en orthographe notamment, j'ai veillé à encourager le moindre petit progrès et à le valoriser dans d'autres domaines dès qu'il le méritait. Il a ainsi acquis une plus grande confiance en lui et une volonté d'avancer, de surmonter son problème. Mais il a fallu aussi remettre les pendules à l'heure avec lui (et sa famille) qui avait tendance, au départ, à tout excuser par la dyslexie. Cela fait, chacun de nous savait où il devait porter ses efforts. L'enfant faisait aussi parfois l'intermédiaire entre l'école et l'orthophoniste, m'expliquant ce qu'il avait travaillé avec elle, et lui rapportant ce qui lui avait posé problème en classe, afin de le reprendre avec elle. Il m'a semblé que ce lien était un plus pour la cohérence de la rééducation.

Hélas, cette interaction entre l'orthophoniste et l'enseignant n'est pas toujours automatique car elle demande beaucoup de disponibilité de part et d'autre.

Cet enfant avait fait, en fin d'année, d'énormes progrès. Il avait parfaitement assumé ses difficultés. Il n'était plus le petit garçon désorganisé, qui perdait ses affaires, qui ne soignait pas son travail, qui n'apprenait pas ses leçons. Il s'était pris en charge et ses parents ne l'avaient jamais vu aussi épanoui. En orthographe aussi bien sûr, on a constaté une nette amélioration. Pour moi, il a vraiment été un cas très encourageant et très satisfaisant. Il est vrai que c'est un enfant très vif d'esprit et très actif à l'oral, pas timide. Ce sont des atouts que tous ne possèdent pas... "

Sylvaine Chevigné, enseignante

Un enseignant compréhensif et bien informé des difficultés de son élève pourra, par quelques adaptations et modifications de son enseignement, souvent simplement de bons sens, faciliter grandement la vie scolaire de ce dernier.

Quelques pistes peuvent ouvrir le champ des idées, sans être limitées aux suivantes :

Voir tableau page suivante.

1. Tout d'abord, exprimez à l'enfant l'intérêt que vous lui portez en lui expliquant les constatations et observations le concernant.
Écoutez-le à son tour exprimer ses difficultés, ensemble cherchez les solutions les plus adaptables à son cas (en vous aidant du travail réalisé en orthophonie) et au contexte de la classe avant de mettre en place un programme d'aide plus lourd. Il existe des réponses simples, souvent dictées par la logique.

2. Soyez ingénieux et inventif. Osez innover. Faites participer l'enfant à l'établissement de son programme. Il aura un sentiment de responsabilité et de contrôle vis-à-vis de son travail.

3. Rappelez-lui les possibilités de demander de l'aide sans crainte d'être jugé ou de se croire ridicule pour lire un énoncé ou recopier les devoirs dans un cahier de textes.

4. Réapprenez ensemble la patience. Acceptez que l'autonomie et les résultats ne se gagnent pas en huit jours.

5. Aidez-le à faire naître une certaine combativité face à l'adversité et à améliorer son endurance face aux efforts demandés, comme un sportif de haut niveau. Il faudra l'aider à beaucoup s'entraîner, à travailler toujours plus que les autres.

6. Soutenez-le aussi pour mettre en valeur ce qu'il y a d'unique en lui et à découvrir ainsi la place particulière qu'il pourra tenir dans le monde.

7. Soyez pratique et flexible : si une attitude ne fonctionne pas, essayez-en une autre.

8. Renseignez-vous auprès des parents et de l'orthophoniste sur l'impact de ce que vous avez mis en place, et surtout persistez !

9. Donnez-lui plus de temps pour les devoirs surveillés.

10. Adoptez une notation spécifique et privilégiée à l'expression orale.

11. Aidez-le à s'organiser dans le temps et l'espace. Trouvez-lui une bonne place en classe à côté d'un élève qui pourra l'aider, et pas trop loin de vous.

12. Encouragez-le, félicitez-le pour ses réussites et aidez-le à relativiser ses échecs.

13. Et n'oubliez pas l'humour, avec les dyslexiques, cela marche très fort !

CONCLUSION

La dyslexie est un caractère constitutif qui ne disparaît pas avec l'âge, dont les effets peuvent s'atténuer sous réserve d'un bon diagnostic et d'un bon projet global de prises en charge et d'adaptations scolaires. Ni les parents, ni les enseignants ne sont responsables de ce trouble, et surtout pas l'enfant. On ne génère pas la dyslexie, mais on peut agir sur ses conséquences.

" *On ne peut s'imaginer la souffrance que ces enfants ont éprouvée (rejets, humiliations, moqueries...) et traverseront encore si on n'essaie pas de les aider davantage. Enfermés dans un univers où tout est compliqué (comprendre l'autre, se faire comprendre, trouver le bon mot et au bon moment), ils vivent en décalage par rapport au monde qui les entoure. C'est pourquoi nous espérons, grâce aux petits témoignages inclus dans ce texte, que vous pourrez avoir une meilleure idée et compréhension de ce que représente être dyslexique et souffrir de dyslexie.* "

Corinne Girard, psychologue.

" *Depuis quelques années, une plus grande attention est portée en classe aux difficultés manifestées par ces élèves, ce qui implique qu'ils soient reconnus comme tels (dyslexiques, dysphasiques, dyscalculiques). Aujourd'hui, des ponts sont posés entre l'Éducation nationale et le "peuple dyslexique" (le rapport Ringard et ses applications, le récent document Ferry sur la lecture au CP ainsi que de nombreuses initiatives encourageantes).*

En observant ces élèves, on se rend compte qu'ils ne demandent qu'à participer, produire, progresser et partager au sein de la classe. Toutes et tous ont des capacités, des intérêts, souvent des passions, et des domaines où ils peuvent réussir. Ils demandent un peu plus d'attention, d'écoute, de compréhension et de reconnaissance. La plus grande part du malaise d'ordre psychologique observé chez eux est le corollaire direct d'une dyslexie non reconnue. Un enfant dyslexique dépisté précocement, accompagné et valorisé, pourra mettre en place des stratégies de réussite et montrer qu'il a des capacités. Un jeune citoyen passe au moins dix années sur les bancs de l'école ; il n'est plus acceptable qu'il retire de cette longue période, lorsqu'il est dyslexique, un tel vécu de souffrance liée à un trouble non soigné, d'une part, et aux conséquences de la non reconnaissance de ce trouble, d'autre part. "

Alain Vialletet, enseignant en classe d'adaptation.

Sans aide, ces jeunes risquent de se perdre dans un monde où tous les apprentissages se font en écoutant, parlant, écrivant, mémorisant. Laminés par leurs mauvaises notes, les punitions et le travail supplémentaire, ils seront abandonnés sur le bord du chemin, ne laissant qu'une courte et douloureuse trace, ayant, écrasés par la culpabilité, sombré dans la dépression.

Avec des aides, ils pourront franchir à leur rythme les étapes de la scolarité et de la socialisation, en utilisant au mieux leur intelligence, leur sensibilité et leur volonté.

Nietzsche disait: " *Il faut du chaos en soi pour accoucher d'une étoile qui danse.* " De leur enfance difficile pourra naître un adulte à la personnalité très riche et aux talents à l'image de leur scolarité : "extra-ordinaire". Ils suivront peut-être les traces d'autres dyslexiques célèbres qui ont su exploiter leurs différences et talents comme Walt Disney, Léonard de Vinci, Andersen, Tom Cruise, Thomas Edison, John Kennedy... et tant d'autres moins célèbres, heureux dans leurs relations, compétents dans leur métier, mais plus proches de vous... votre voisin peut-être ?

J'ai été aidée dans ce travail par Alain Vialletet (enseignant en classe d'adaptation), Corinne Girard (psychologue), Sylvaine Chevigné (enseignante primaire) et surtout par les témoignages spontanés oraux et écrits offerts par un groupe d'élèves dyslexiques.

4
LE PROJET INDIVIDUEL DE SCOLARISATION

Marie-France Wittrant

Les jeunes dyslexiques ne sont pas des élèves lents.

Simplement, ils apprennent différemment. Leur QI varie de moyen à élevé (doué). La dyslexie varie d'un jeune à l'autre.

Leur différence cérébrale se traduit souvent par des atouts considérables dans les domaines contrôlés par le côté droit du cerveau, comme les aptitudes visuo-spatiales, les aptitudes à résoudre les problèmes, la créativité, les habilités mécaniques. Le principal atout des personnes dyslexiques est leur intuition. Elles perçoivent souvent ce que leur interlocuteur pense.

LE PROJET INDIVIDUEL DE SCOLARISATION

Depuis deux ans, A.P.E.D.Y.S Nord/Pas de Calais collabore à la mise en place des P.I.S. Avant et après cette collaboration, nous réfléchissons afin d'améliorer cet outil positif qu'est le P.I.S.

Depuis de nombreuses années, les APEDYS incitent les parents d'enfants dyslexiques à établir des partenariats avec les enseignants, afin que soient pris en compte les besoins spécifiques de leurs enfants de façon durable.

Les élèves dyslexiques représentent 1 à 2 enfants par classe ; il devrait être logique de favoriser l'accueil et la prise en charge des enfants *dys* et en faire une priorité nationale, d'ailleurs déclarée *Problème de santé publique par le Haut Comité de Santé Publique* en 1999.

Du contrat École-Famille, puis au projet d'accueil individualisé (P.A.I), chaque action dépendait de l'interprétation donnée par les parents à l'enseignant, de l'information donnée par l'orthophoniste à propos de l'enfant. Cela dépendait ensuite de la bonne volonté des enseignants et des informations, des expériences de ces mêmes enseignants concernant l'accueil des élèves en difficultés.

Chaque enfant étant porteur de sa (ses) dyslexie(s) et d'un ou des trouble(s) associé(s), aucune de ces actions n'était réutilisable pour un autre élève.

Devant tant de complexité face aux troubles spécifiques du langage, il est impératif que les professeurs soient formés ou informés car l'urgence reste pour nos jeunes en cours de scolarité qui jouent leur avenir.

" *...Le système éducatif conventionnel pourrait être axé sur un éventail de compétences inapproprié et récompenserait certains styles d'apprentissage contre indiqués. Les méthodes d'enseignement traditionnelles pourraient en fait se traduire par l'élimination de ceux qui ont peut-être plus à donner.* " Thomas G West, *In the Mind's Eye*

Par la promulgation de la circulaire *En faveur des élèves porteurs d'un trouble spécifique du langage Oral et Écrit,* signée par cinq ministères (circulaire n°2002-024 du 31/01/2002 parue en encart au BO n°6 du 07/02/2002), une ère nouvelle augure une meilleure prise en compte des besoins spécifiques des élèves.

Dans cette circulaire, l'élaboration d'un projet individuel de scolarisation (P.I.S), est préconisé afin d'assurer la continuité du parcours scolaire. Forts de nos expériences associatives, nous avons rédigé un document PIS, présenté par l'APEDYS France à la DESCO, en juin 2002. Ce document a pour but d'aider les différents partenaires impliqués dans la réussite scolaire de l'enfant porteur de T.S.L.E, et à trouver leur place au sein de ce Projet Individuel de Scolarisation.

Le P.I.S doit dédramatiser cette scolarisation particulière à besoins spécifiques.

Il a pour mission principale de réunir autour de l'élève ses partenaires : parents, professeurs, rééducateurs ; d'élaborer une dynamique cohérente, de comprendre le trouble et la nécessité de la mise en place de telle ou telle adaptation pédagogique ; de mettre le même sens sur un même mot.

Les enseignants

Nous n'attendons pas ici des enseignants qu'ils mettent en place des activités de remédiation, mais simplement qu'ils adaptent leurs exigences pour permettre à l'élève de suivre une scolarité constructive et épanouissante en milieu ordinaire, et de garder confiance en l'institution.

Les jeunes dyslexiques n'utilisent pas pour la lecture les mêmes zones cérébrales que les normo-lecteurs. Cela signifie qu'ils apprennent à lire, à écrire et à épeler d'une manière différente.

C'est pourquoi les méthodes conventionnelles ne fonctionnent pas avec la dyslexie. Comprendre c'est déculpabiliser la non réussite de l'enseignant.

L'orthophonie

L'orthophoniste n'est pas un répétiteur scolaire mais un rééducateur. Il doit expliquer le trouble, guider les parents mais aussi être partenaire dans l'élaboration du P.I.S.

L'orthophonie n'est qu'une partie de la rééducation. Il se peut que le jeune ait besoin de psychomotricité, d'ergothérapie, de soutien psychologique...

Le jeune doit avancer sur une ligne droite. Si nous lui infligeons des années de rééducation d'orthophonie infructueuses sans tenir compte des autres paramètres de sa dyslexie, il court au découragement puis à l'échec scolaire et social.

La rééducation doit être linéaire par la stimulation de toutes les compétences nécessaires pour acquérir une indépendance face au langage écrit.

Les parents

Le rôle des parents consiste à être le premier éducateur, sans pour autant se substituer aux pédagogues et aux rééducateurs.

D'être sereins en parlant du trouble de leur enfant et de faire ressortir ses points forts qui seront exploités lors de l'élaboration du PIS, mais aussi dans la vie courante.

Il est primordial que les parents ne doutent plus des capacités et qualités de leur enfant face au handicap dyslexie.

Les jeunes

Le jeune a des droits mais aussi des devoirs, c'est pourquoi son implication dans l'élaboration du P.I.S est importante, au même titre que les autres partenaires.

Il doit être acteur et participer aux réunions de synthèse.

Souvent, le P.I.S est demandé par les parents quand le processus de l'échec scolaire est commencé. L'enfant a perdu confiance, il a une mauvaise image de lui. Lui demander de participer à cette réunion de concertation peut lui apparaître négatif, comparable à un conseil de discipline voire à un tribunal. N'oublions pas que la souffrance est installée.

Une présentation positive de cette réunion interactive est capitale. Le jeune doit comprendre qu'il sera entendu, qu'il pourra juger la motivation de chacun en tant que partenaire.

De même, il doit accepter qu'en raison de sa différence cérébrale, il se servira davantage de son hémisphère droit.

Les faiblesses de l'hémisphère gauche resteront, mais il parviendra, grâce à la rééducation, à mettre en place des moyens de compensation qui pallieront ses faiblesses.

Si un seul partenaire fait barrage, le P.I.S court à l'échec.

Cette circulaire doit aussi permettre de proposer les P.I.S aux jeunes afin qu'ils ne souffrent plus d'une prise en charge pédagogique inadaptée.

POURQUOI CE PROJET EST-IL NÉCESSAIRE ?

Nous pensons qu'il évite l'échec scolaire.

Voici plusieurs années que l'APEDYS aide sa mise en place à la demande des parents et avec l'accord des chefs d'établissements. Le climat conflictuel autour de l'élève peut s'atténuer au profit d'une relation de confiance. La réunion faite en présence de tous les partenaires, crée une alchimie. La communication s'établit et la mauvaise image scolaire qui précède cet élève s'efface au profit de l'élève et de ses besoins. Le jeune est au centre des débats, une nouvelle communication permet les déblocages et un projet porteur d'espoirs voit le jour.

Ce projet a pour but de reconnaître aux jeunes le droit d'apprendre différemment.

Il permet d'admettre qu'il n'y a pas d'âge rédhibitoire à la lecture et l'orthographe.

Les jeunes élèves dyslexiques devront, parallèlement à leur rééducation, développer toutes les matières enseignées comme leurs camarades normo-lecteurs, et garderont le plaisir d'apprendre ; ils pourront choisir leur voie professionnelle en rapport avec leurs envies et capacités.

Le regard de l'institution française change, la circulaire en faveur des élèves en situation de handicap confère la légitimité de dispositions adaptées aux besoins de l'élève ou étudiant lors des passations d'examens. Cette situation de handicap est permanente dès qu'il y a confrontation avec le langage écrit.

Après avoir participé à l'élaboration de plusieurs P.I.S, il m'apparaît que ces concertations ont été riches pour tous les partenaires, et particulièrement pour l'élève qui retrouve cette force ascensionnelle indispensable pour arriver au statut d'adulte autonome.

Pour conclure, je préfère laisser la parole à plusieurs chercheurs connus qui reflète ma pensée :

Thomas G.West évoquant la personne dyslexique dit :

" *Elle utilise une forme de pensée où les images sont produites ou rappelées à l'esprit et sont manipulées, recouvertes, traduites et associées à d'autres formes semblables. Elle pourra les faire pivoter, les agrandir ou les rapetisser, les déformer ou les transformer progressivement d'autres manières pour passer d'une image connue à une autre.* "

Alain Galaburda : " *Les gens ayant de la dyslexie réussissent non pas en dépit de la dyslexie, mais grâce à elle.* "

Il a observé que cette différence cérébrale, tout en limitant le développement de certaines zones du cerveau, renforce d'autres régions cérébrales.

Norman Geschwind, lors de son introduction à une conférence de la Orton Dyslexia society en 1982, a stupéfié son auditoire en décrivant la dyslexie comme *la pathologie de la supériorité.*

" *Il est devenu de plus en plus clair ces dernières années que les personnes dyslexiques ont énormément de talents dans divers domaines.* "

PLUS DE 50 % DES EMPLOYÉS DE LA NASA SONT DYSLEXIQUES

Ils sont recrutés tout spécialement en raison de leurs aptitudes hors du commun à résoudre les problèmes, et de leur excellente perception spatiale et tridimensionnelle.

QUELQUES PERSONNALITÉS DYSLEXIQUES

AUTEURS/ÉCRIVAINS/JOURNALISTES

Jules Verne
Edgar Allan Poe
Rudyard Kipling
Hans Christian Andersen
Mark Twain
Gustave Flaubert
Agatha Christie
F. Scott Fitzgerald
Ernest Hemingway

ARTISTES

Pablo Ruiz Picasso
Vincent Van Gogh
Auguste Rodin
Léonard De Vinci
Mozart
Beethoven

POLITICIENS/MILITAIRES

Winston Churchill
Georges Washington
Nelson Rockefeller
John F. Kennedy
Benjamin Franklin
George Bush

SCIENTIFIQUES/INVENTEURS

Albert Einstein
Sir Isaac Newton
Thomas Edison
Charles Darwin
Galilée
Louis Pasteur

PERSONNAGES ROYAUX

Prince Charles
Prince William

ATHLÈTES

Jackie Stewart
Greg Louganis
Mohamed Ali
Magic Johnson
Carl Lewis

ACTEURS/MUSICIENS/CHANTEURS/TÉLÉVISION/CINÉMA

Cher
Whoopi Goldberg
Tom Cruise
Marlon Brando
Sylvester Stallone
Steve McQueen
Danny Glover
Tracey Gold
Walt Disney
Harry Belafonte
Fred Astaire
Robin Williams
Harrison Ford
Dustin Hoffman
Jack Nicholson
Guy Ritchie
Nathalie Baye
Mireille Mathieu
Luc Besson

5

TÉMOIGNAGE DE SUIVI DE SCOLARITÉ D'UN ENFANT SOUFFRANT D'UNE DYSLEXIE SÉVÈRE DE LA MATERNELLE À LA TERMINALE

Véronique Roussillon, infirmière scolaire

En tant que mère de trois enfants dyslexiques, je vais vous retracer les grandes lignes du parcours de la prise en charge longue et régulière d'un de mes fils souffrant d'une dyslexie sévère.

MOYENNE SECTION DE MATERNELLE

Un premier bilan orthophonique demandé par nous, parents, met en évidence un retard de langage, de grosses difficultés d'orientation spatio-temporelle et des troubles de mémorisation. Les séances de rééducation sont commencées à raison de deux par semaine. Une légère amélioration est constatée.

Kévin est un petit garçon très gai et espiègle.

Cours préparatoire

Un nouveau bilan orthophonique est réalisé. Les apprentissages de l'écrit ne se mettent pas en place. Il subsiste des séquelles de retard de parole et de langage, des troubles de mémorisation.

Kévin est gaucher et a du mal à intégrer le sens de la lecture et de l'écriture. Il est persuadé qu'il ne deviendra pas lecteur et nous sommes désemparés de le voir aussi mal.

L'orthophoniste adresse Kévin dans un service hospitalier en psychopathologie infantile pour mieux évaluer ses difficultés d'apprentissage. La suite de la rééducation se fera en service hospitalier de manière intensive (deux matinées par semaine). Elle est associée à une thérapie ayant pour but de l'aider à modifier son comportement de négation vis-à-vis de ses difficultés, d'opposition et de fuite.

Nous organisons nos plannings professionnels pour accompagner Kévin à l'hôpital, afin qu'il puisse retourner en classe l'après-midi. Cette période est vécue comme un calvaire par toute la famille.

Par ailleurs, Kévin est inscrit à un cours de gymnastique sportive où il montre de réelles compétences et un plaisir intense à suivre cette discipline.

Cours élémentaire 1ère année

La rééducation orthophonique est reprise en cabinet privé deux fois par semaine à partir du 2ème trimestre.

Une réunion trimestrielle est organisée au sein de l'école en présence des parents, de l'orthophoniste et de l'institutrice, afin d'évaluer les acquis de l'enfant et du travail de tous les partenaires.

Ce partenariat se fera jusqu'à la fin de l'école primaire.

L'échec dans lequel Kévin se trouve est dur à supporter, mais il en parle peu. Il a besoin de logique pour comprendre.

La lecture devient plus facile mais est très lente.

Il continue la gymnastique sportive avec toujours le même plaisir.

Notre vie familiale s'organise entre travail professionnel, séances de rééducation, accompagnement au sport, réunions à l'école et la vie de deux autres garçons dyslexiques de la maison !

COURS ÉLÉMENTAIRE 2ÈME ANNÉE

La lecture devient plus fonctionnelle et Kévin accède à une compréhension globale. L'orthographe est très problématique, caractérisée par des confusions, des inversions et des erreurs d'homophones.

Le diagnostic de dyslexie sévère est confirmé.

L'école est déroutée par une évolution jugée beaucoup trop lente et propose un redoublement en accord avec les parents, l'orthophoniste et Kévin.

Sur le plan personnel, Kévin s'investit de plus en plus dans la gymnastique sportive et intègre une équipe de haut niveau.

COURS ÉLÉMENTAIRE 2ÈME ANNÉE (REDOUBLEMENT)

Kévin investit de façon alternée la lecture et l'orthographe.

La dysorthographie devient plus grammaticale.

Ce redoublement est une réussite : il est encouragé par de meilleurs résultats et n'a plus qu'une séance de rééducation par semaine.

Cours moyen 1ère année

Face à ce niveau de classe, Kévin est angoissé, multiplie les erreurs et demande une reprise en charge intensive à raison de deux séances par semaine.

En accord avec son maître, il lui est proposé des exercices plus courts ou plus de temps pour les réaliser.

Cours moyen 2ème année

Kévin est d'une grande sensibilité : il tient compte du regard des autres et souffre de l'échec qu'il subit.

Il parle très peu dans un groupe, se renferme sur lui-même. Nous essayons en famille de l'ouvrir sur le monde extérieur mais il est très timide et peu sûr de lui.

Nous appréhendons beaucoup l'avenir.

Sixième

Kévin intègre une classe à horaires aménagés où il peut pratiquer son sport l'après-midi et continuer la rééducation orthophonique deux fois par semaine. Il est très heureux d'être passé au collège dans une classe de sportifs comme lui.

Il met toujours en doute ses capacités, il a besoin d'être rassuré.

Il est plus performant en dictée, mais reste très lent.

Son texte lexical reste insuffisant et l'orthographe d'usage est de médiocre qualité.

L'apprentissage de l'anglais est extrêmement laborieux.

Il existe toujours une bonne coopération entre les parents, l'orthophoniste et les enseignants.

CINQUIÈME

Kévin est gêné par la plus grande complexité des textes proposés. Il est acteur dans sa prise en charge. Il est toujours demandeur d'une aide spécifique. Il se déplace maintenant tout seul pour aller chez son orthophoniste. C'est un énorme gain de temps pour la famille.

Les relations entre l'équipe pédagogique, l'orthophoniste et la famille sont bonnes, et Kévin se sent toujours soutenu.

QUATRIÈME

Sa dyslexie dysorthographie invalidante est reconnue dans le milieu scolaire. Il est accepté pour lui-même. C'est un adolescent équilibré et motivé, courageux et méritant. Il reste des difficultés de vocabulaire, il y a peu d'anticipation en lecture.

L'arrivée de l'apprentissage d'une deuxième langue est terrifiante pour lui, mais l'équipe pédagogique préfère qu'il continue les cours d'allemand malgré des résultats désastreux et une surcharge de travail.

Kévin continue à mener la gymnastique intensivement et ses succès sportifs le valorisent auprès du groupe classe.

TROISIÈME

Kévin n'a toujours pas acquis d'automatismes. La lecture oralisée est laborieuse. Oralement, il est plutôt performant, dialoguant volontiers, défendant ses opinions et s'intéressant à de nombreux sujets. Kévin est tout à fait conscient de ses difficultés, qu'il évoque à présent. Il est très investi dans sa réussite, sa progression et son avenir.

Un tiers temps supplémentaire pour le passage du Brevet des collèges est demandé et accordé. Il a besoin de temps, maître mot de ses performances.

Il réussit son premier examen.

SECONDE

Kévin intègre un lycée technologique industriel qui lui permet dès la première année d'abandonner l'apprentissage de sa seconde langue.

Il lui est proposé une fenêtre thérapeutique qu'il accepte.

Il se sent beaucoup mieux, accepte de faire partie de clubs dans son lycée et a un bon groupe d'amis.

C'est un adolescent bien équilibré qui continue la pratique de son sport à haut niveau.

PREMIÈRE STI

Kévin intègre une section mécanique productique.

Il envisage peu sereinement le passage du bac de français et demande à reprendre intensivement l'orthophonie.

Un projet d'intégration est organisé au lycée avec son accord, pour harmoniser son suivi, et qu'il sente autour de lui le plus de cohérence possible.

Plusieurs réunions sont programmées entre la médecine scolaire, l'équipe pédagogique, les parents, l'orthophoniste et Kévin.

Il est demandé et accordé un tiers temps supplémentaire au bac français avec l'aide d'une orthophoniste (pas la sienne) pour la lecture du sujet et la rédaction du devoir sous sa dictée, épreuve durant 5 heures vingt minutes.

Il obtient des notes supérieures à la moyenne à l'écrit et à l'oral.

Terminale STI

Cette dernière année de scolarité est encore une grande étape pour Kévin. La philosophie l'angoisse encore plus que le français !

Le projet d'intégration est renouvelé et les mêmes conditions de passage à l'examen sont demandées et de nouveau accordées.

Il obtient son bac et suit actuellement une formation en BTS.

Le parcours scolaire de Kévin montre qu'une prise en charge régulière, des années d'efforts et une bonne entente avec les différents partenaires lui ont permis de surmonter son handicap et d'atteindre le but qu'il s'était fixé.

En tant que mère, j'ai toujours informé les professeurs dès le début de l'année scolaire. En grandissant, c'est Kévin qui s'en chargeait et qui leur expliquait ses difficultés.

En général, les différentes équipes pédagogiques ont toujours été demandeuses d'information et ont adopté une attitude positive en coopérant avec les thérapeutes entourant Kévin.

Ce parcours n'a pas été de tout repos, échelonné de périodes de découragement, d'espoir ou de déception. Mais c'est une grande satisfaction personnelle de le voir bien dans sa peau, d'envisager une vie professionnelle correspondant à ses vœux les plus chers.

Notre rencontre avec une orthophoniste extraordinaire est un des éléments clés de la réussite de ce suivi. Madame X... nous a toujours soutenus, prenant du temps pour nous écouter lorsque nous doutions. Elle a toujours adopté les bonnes attitudes avec le milieu scolaire, qui est rentré dans le jeu de cette prise en charge.

La grande réussite vient surtout de Kévin, qui a toujours accepté une rééducation, un surplus de travail. Il a pu s'épanouir en développant de véritables dons pour la gymnastique où, chaque année, il ramène des médailles, et participe encore actuellement à des championnats régionaux et même nationaux.

6
Témoignage d'une dyslexique

Trente-six ans dans la peau d'une dyslexique ! C'est possible.

Je voudrais témoigner par ces quelques mots tout le bonheur d'être parvenue à exercer mon métier, que j'aime malgré l'énorme galère de ma scolarité.

Mes premiers pas dans la dyslexie ont commencé en maternelle. J'ai redoublé la dernière année, étant jugée comme une enfant pas prête à apprendre, jouant beaucoup et de plus, zozotant.

Au primaire, les apprentissages de l'écriture et de la lecture ont été extrêmement difficiles et lents. L'humiliation et la honte quotidiennes me poussaient à me cacher, à faire comme si de rien n'était. J'avais la hantise que l'on regarde ce que j'écrivais, sentiment que je ressens encore aujourd'hui !

Quelques souvenirs :

Étant abonnée au moins 20 en dictée, un jour, j'ai eu zéro ! Quel succès ! Mais mon professeur n'a pas trouvé cela bien !

En vacances, ma mère me faisait lire Oui-Oui. Une fois arrivée au bas de la page, je n'avais aucun souvenir des premiers mots ! Par contre, j'ai gardé, encore aujourd'hui, un souvenir presque photographique des illustrations de ces livres.

C'est aussi à cette période que ma rééducation orthophonique a commencé. Je n'en ai guère de souvenirs à part beaucoup d'ennuis.

Parmi tous ces orthophonistes qui m'ont certainement aidée, seule mademoiselle Desormaux a eu sur moi un effet très concret. Elle me faisait réviser le programme scolaire et m'a donné le goût de la lecture en me faisant résumer oralement chaque groupe de phrases que je lisais. Résultat : à la fin de la page, je me souvenais des résumés. Merci encore.

Les difficultés au collège ont été du même ordre, mais une petite lumière s'est allumée au bout du tunnel. J'ai réalisé que j'étais douée en dessin et autres matières manuelles, ce qui m'a permis de passer tant bien que mal d'une classe à l'autre. Mes parents et mes professeurs ont dû penser que je m'en sortirais grâce à cela. Merci à eux.

Côté orthophoniste, mes parents ont tout essayé, jusqu'à un monsieur qui m'a testée en me faisant reconnaître des mots. Autant vous dire que je n'en ai reconnu que deux ou trois sur toute la liste. J'ai été humiliée et on ne l'a jamais revu.

L'épreuve du Bac A3 Dessin-Histoire de l'art et Littérature (ce qui est un comble pour une dyslexique) a été pour moi très, très lourde, mais en même temps, la vision de la fin du tunnel. L'espoir d'une carrière dans le dessin m'a fait supporter la montagne d'informations à apprendre. À cette époque, j'ai saisi la rééducation du professeur Tomatis (docteur en médecine, très contesté, qui a créé une nouvelle discipline l'audio-psycho-phonologie). Je ne sais pas si cela a été d'une efficacité réelle. Toujours est-il que j'ai eu tout juste la moyenne à mon bac. Je pense avoir eu beaucoup de chance, étant tombée sur les rares sujets que j'avais révisés, et des examinateurs à l'oral très sympas qui m'ont noté 3 en espagnol et 5 en anglais pour ne pas me mettre zéro !

La scolarité passée, mes études de design industriel ont été pour moi l'apprentissage du bonheur. Quatre ans sans une ombre au tableau.

Actuellement, je suis designer graphique, responsable d'une équipe de cinq personnes. À part les angoisses de la dyslexie qui pointent de nouveau le bout de leur nez lors de la prise de note, je ne rencontre aucune difficulté.

Toutes ces années de nouveaux bonheurs ont enterré au fond de moi la dyslexie et ses angoisses, jusqu'à la diffusion d'une émission de TV sur ce sujet. J'ai eu l'impression d'ouvrir d'un seul coup les yeux sur moi-même, de comprendre la dyslexie (que l'on ne m'avait jamais expliquée), de réaliser qu'il y a beaucoup d'autres personnes dans mon cas et que cela n'est pas insurmontable. Depuis, j'ose demander l'orthographe d'un mot quand je ne le connais pas…

En conclusion, tout est possible à condition de ne pas écraser l'enfant, de rechercher avec lui les domaines où il excelle et de croire en lui.

BIBLIOGRAPHIE

Marc Bonnelle, *La dyslexie en médecine de l'enfant,* Solal

Patrice Couteret
Les troubles spécifiques du langage, Éditions du centre national d'études et de formation

Dr Christine Egaud
Les troubles du langage oral et écrit : les comprendre, les prévenir et les dépister, accompagner l'élève, Collection Champ de réflexion, champ d'action CRDP de Lyon

Antoine de la Garanderie
Apprendre sans peur, Chronique Sociale

Antoine de la Garanderie, Daniel Arquié
Réussir, ça s'apprend, Éditions Bayard

Antoine de la Garanderie, Geneviève Cattan
Tous les enfants peuvent réussir, Éditions Marabout

Jean-Marc Kremer, *Les 500 conseils de l'orthophoniste*, Éditions Josette Lyon

Dr Paul Messerschmitt, *Ils ne savent pas lire, et s'ils étaient dyslexiques ?*, Flohic Éditeur
2 versions : *Réponses aux Parents* et *Réponses aux Professionnels*

Gisèle Plantier, *Les malheurs d'un enfant dyslexique*, Éditions Albin Michel

Brochure ONISEP, Réadaptation n°486, janvier 2002

Le Rapport Jean-Charles Ringard " *À propos de l'enfant dysphasique et de l'enfant dyslexique.* "
Le rapport IGEN/IGAS " *Enquête sur le rôle médico-social sanitaire et pédagogique dans la prise en charge des troubles complexes du langage* " par Anne-Chantal Rousseau-Giral, Hélène Strohl (IGAS) et Catherine Bizot, Yveline Ravary et Bernard Gossot (IGEN)

CONCLUSION

Jean-Charles Ringard, inspecteur d'académie,
auteur du rapport « À propos de l'enfant dysphasique
et de l'enfant dyslexique » (2000)

Lors de sa conférence de presse du 23 mai 2002, Luc Ferry, ministre de la Jeunesse, de l'Éducation nationale et de la Recherche, a présenté la lutte contre l'illettrisme comme l'une de ses priorités. Il a notamment annoncé pour les enfants présentant une dysphasie ou une dyslexie :

" *La mise en place de toute urgence d'un plan de détection et de prise en charge améliorée des pathologies plus ou moins lourdes dont on commence à percevoir qu'elles jouent sans doute un rôle dans l'échec scolaire, une part plus importante qu'on ne l'a cru jamais* ".

Cette affirmation confirme la prise en compte intégrale des axes prioritaires du plan d'action national du 21 mars 2001 relatif aux troubles spécifiques du langage oral et écrit : mieux prévenir dès la maternelle, mieux identifier les enfants porteurs d'un trouble spécifique, mieux prendre en charge, mieux informer, mieux former. Rechercher la mise en venue de cette priorité nationale est retraduite aujourd'hui par les principales mesures suivantes.

POUR MIEUX CONNAÎTRE ET MIEUX COMPRENDRE

Dans la totalité des départements, une démarche de repérage et de dépistage plus ou moins systématisée selon les situations a été lancée mobilisant médecins de l'Éducation nationale, membres du RASED, enseignants (dès la maternelle) et parents d'élèves. De ce fait, le bilan dit de santé de 6ème année a nettement évolué dans son contenu et dans son approche.

Des outils pédagogiques ont été mis à disposition de tous les maîtres de grande section et de CP pour mieux apprécier les niveaux de langue des enfants et mieux cerner certaines difficultés d'apprentissage.

Une invitation à un usage diagnostique et plus pédagogique des évaluations CE2 et 6ème a été faite dans le même esprit que celle de la grande section/CP.

POUR MIEUX ASSURER LA CONTINUITÉ DES PARCOURS SCOLAIRES DES ÉLÈVES PORTEURS D'UN TROUBLE

De nouveaux programmes de l'école primaire sont mis en place depuis la rentrée 2002.

Par l'importance qu'ils accordent à la lecture et à l'écriture, par les méthodes pédagogiques préconisées, par la reconnaissance explicite des troubles du langage et leur prise en charge, ils constituent une réponse fondamentale à la lutte contre l'échec scolaire d'une manière générale, et à la lutte contre l'illétrisme d'une manière particulière.

Dans bon nombre de départements, un travail explicite a été conduit avec les commissions spécialisées afin de développer les projets individualisés de scolarisation pour des élèves porteurs de troubles légers ou moyens. Observons que ces projets renforcent souvent la coordination entre enseignant, membre de RASED, membres de la santé scolaire et orthophoniste.

Des classes d'intégration scolaire dans le 1er degré et des unités pédagogiques pour le 2nd degré que je qualifierai *à projet* se développent un peu partout en France et permettent, pour des élèves présentant des déficits de langue (dont une ayant un dysfonctionnement cognitif), de bénéficier d'un environnement pédagogique, éducatif et thérapeutique spécialisé.

POUR MIEUX ORGANISER LES RÉPONSES

Dans le cadre des agences régionales hospitalières, force est de constater que des centres référents (troubles du langage ou troubles des apprentissages) se mettent en place ou s'organisent. À ma connaissance, une vingtaine de centres ou de réseaux de spécialistes sont constitués ou en voie de l'être.

Certains plans de formation (national, académique et départemental) témoignent d'une prise en compte de cette priorité nationale. Les formations nationales E,F,G et psychologues scolaires sont infléchies. Dans la quasi totalité des académies, des orientations ont été prises par les recteurs.

De même, les inspecteurs d'académie ont fait porter des efforts singuliers sur la formation des maîtres des cycles II et des membres des RASED.

Des initiatives sont prises ici ou là pour expérimenter des dispositifs de prise en charge des élèves de 12 à 16 ans.

Depuis la parution du rapport " *À propos de l'enfant dysphasique et de l'enfant dyslexique* " que j'ai eu le plaisir de rédiger en 2000, on peut, je crois, constater que les choses évoluent et bougent.

Certains considéreront que cela ne va pas assez vite ou assez loin. D'autres estimeront qu'il n'y a pas assez d'engagement politique. Quelques-uns jugeront que la souffrance des familles et leurs impatiences ne sont pas encore reconnues. Ces points de vue méritent d'être écoutés.

Il convient cependant de reconnaître que des mesures sont prises, que le développement du partenariat local entre l'école, le système de soins et la famille (condition essentielle pour que les enfants atteints de troubles de langage puissent pleinement trouver leur place à l'école) est en marche, et qu'enfin ce sujet si longtemps oublié ou méconnu fait désormais partie des préoccupations publiques.

Je suis persuadé que ce mouvement est irréversible.

DEUXIÈME PARTIE

ASPECTS SCIENTIFIQUES ET CLINIQUES

INTRODUCTION

Monique Plaza, chargée de recherche en psychologie au CNRS, Laboratoire Cognition et Développement, responsable de la recherche au Centre référent Troubles du Langage de la Salpêtrière (Service du Pr Mazet)

Les troubles de développement du langage oral et écrit ont été officiellement reconnus en France en 2000, lorsque le rapport ministériel intitulé " *À propos de l'enfant dysphasique, et de l'enfant dyslexique* " a été remis par Jean-Charles Ringard.

Ce travail de synthèse, produit dans un climat de controverse idéologique, a été rendu possible par la lutte conjointe menée pendant plusieurs années par des associations de parents d'enfants dyslexiques, et par différents professionnels engagés dans la recherche sur les troubles du langage et dans la prise en charge des enfants qui en étaient porteurs.

Le rapport de Jean-Charles Ringard a constitué une avancée importante pour la prise en compte des troubles du langage écrit qui étaient très largement méconnus en France par l'institution scolaire, par le grand public, par la plupart des psychologues et des médecins, et qui étaient soit purement et simplement niés, soit conçus comme des difficultés d'origine psychoaffective, socioculturelle et/ou pédagogique.

Depuis des décennies, une définition de la dyslexie comme " trouble spécifique du langage " s'était affirmée dans de nombreux pays, éclairée par les travaux de la psycholinguistique, de la psychologie cognitive, des neurosciences, de la génétique.

En France, l'introduction de cette définition a été réalisée d'une façon assez brusque. Le nouveau modèle de la dyslexie qui a vu le jour ces dernières années a marginalisé ou exclu de son champ les dimensions psychoaffectives, pédagogiques et socioculturelles qui prévalaient jusqu'alors, et il a mis en avant des facteurs cognitifs et neurologiques.

Ces remaniements, qui ont indéniablement généré un brutal mouvement de balancier du " tout psychologique " au " tout neurologique ", ont entraîné des tensions théoriques, pratiques, idéologiques, professionnelles, voire corporatistes, qui sont sensibles et palpables à divers niveaux.

Les orthophonistes, jusqu'alors seuls interlocuteurs des enfants dyslexiques, ont vu arriver dans ce qui était de fait " leur " champ professionnel des médecins prescripteurs plus exigeants, des neuropsychologues officiant dans des " centres référents ", des chercheurs. Les médecins généralistes, les pédiatres, les médecins scolaires ont été invités à dépister des troubles dont ils ne connaissaient quasiment rien jusqu'alors.

Les enseignants ont vu leurs méthodes pédagogiques soit questionnées, analysées, critiquées, soit jugées " variable non significative " dans la genèse d'une dyslexie. Les psychologues scolaires et les membres des réseaux d'aide, les CMPP et CMP, les psychiatres d'enfants, ont vu mises en cause et sévèrement critiquées leur définition et leur prise en charge des difficultés d'apprentissage des enfants.

Des lignes de clivage sont apparues entre les cliniciens s'occupant des enfants et certains chercheurs de laboratoire parfois moins intéressés par la pathologie que par la mise à l'épreuve de leurs modèles théoriques et de leurs protocoles expérimentaux. Dans la plupart des (innombrables) colloques sur la dyslexie, les chercheurs qui travaillent sur les modalités pédagogiques ou sur les dimensions socioculturelles de la lecture ne rencontrent guère les chercheurs " cognitivistes " ou " neurobiologistes ". Chacun défend sa position, sa conviction. Le dialogue est souvent difficile, les travaux se juxtaposent sans beaucoup s'interpénétrer et s'enrichir.

De nombreux articles, de nombreux livres ont été publiés sur la dyslexie. Et nous voici apportant à notre tour quelques plantations dans ce grand jardin.

Lorsque l'association de parents d'enfants dyslexiques APEDYS m'a demandé de coordonner la partie professionnelle et scientifique d'un livre sur la dyslexie qui serait co-rédigé par l'association, j'ai pensé qu'il serait intéressant que tous les contributeurs aient une implication clinique : que leur travail de réflexion soit sous-tendu par leur engagement auprès des enfants. Il était également important que nous écrivions des textes clairs, rigoureux, le plus possible délestés de cette langue de bois qui rend illisibles tant d'écrits universitaires. Il me semblait capital, enfin, que nous tentions de promouvoir un modèle intégratif et consensuel : tenant compte des avancées des sciences cognitives, de la génétique, de la psycholinguistique, mais soulignant aussi que l'expérience d'un enfant se tisse à travers son développement biologique, psychologique, affectif, ses interactions familiales, scolaires et culturelles.

Notre écrit est résolument pluridisciplinaire. Il met à contribution des médecins spécialistes des troubles du langage, des orthophonistes ayant une longue pratique et une riche réflexion, un inspecteur de l'Education nationale, et un chercheur psychologue développant une approche clinique des troubles du langage.

Certaines parties sont écrites à plusieurs mains, d'autres émanent d'une seule personne.

1
Le développement de la lecture et de l'orthographe

Monique Plaza
et Sylvie Raynaud, orthophoniste à Clermont-Ferrand

L'entrée dans l'écrit

L'humanité parle depuis l'aube des temps, mais elle lit et écrit depuis seulement quelques millénaires. Et les systèmes d'écriture qu'elle a développés sont multiples, ainsi que les façons d'en apprendre la maîtrise aux enfants. Dans certaines régions du monde, ce que nous appelons l'analphabétisme est la règle : la lecture et le livre sont réservés à quelques érudits. Dans nos pays dits développés, le savoir lire et le savoir écrire font partie, avec le savoir compter, des bases minimales de l'instruction scolaire. L'école a mis en place, pour atteindre cet objectif, des programmes pédagogiques dont les méthodes et les présupposés sont variés, parfois opposés. Bon an mal an, 80 % des enfants parviennent chaque année à la maîtrise des bases du langage écrit. Les 20 % restants sont en souffrance, entrant dans la spirale de l'échec scolaire.

Sous ce vocable vaste et flou, on englobe des difficultés d'apprentissage liées à des facteurs aussi divers que l'appartenance à des groupes défavorisés sur le plan social, culturel, linguistique, pédagogique, le fait de présenter des troubles psychologiques, des déficits intellectuels, des pathologies neurologiques ou génétiques, ou bien le fait de souffrir d'une dyslexie.

L'écriture est un système de codage qui sert à exprimer le monde, la pensée, les sentiments, les actions, le rêve, en correspondance avec le langage oral ou articulé. Les humains ont inventé plusieurs systèmes d'écriture (essentiellement pictographiques, syllabiques ou alphabétiques) qui découpent la parole en unités différentes (le mot, la syllabe ou le phonème). Nous utilisons l'écriture alphabétique, issue du latin et du grec.

L'écriture française, qui code chaque mouvement de la parole dans un signe particulier, est composée de 26 lettres (20 consonnes et 6 voyelles constituant l'alphabet) et de groupes de lettres, constitués à partir des lettres de l'alphabet, et correspondant à des sons de la langue ou phonèmes :

eu, oeu, oi, un, an, en, on, ou, ai, in, ain, ein, oin, au, eau, ch, gn, ph, eil, ouil, euil, ille, ail.

Dans certaines langues comme l'espagnol ou l'italien, les correspondances entre les mouvements de la parole et les lettres sont " transparentes " : une lettre se prononce d'une seule façon. Dans d'autres langues comme l'anglais, les correspondances sont " opaques " : une lettre peut se prononcer de plusieurs façons. Il en résulte que si les enfants anglais et italiens utilisent le même alphabet, ils ne rencontrent pas les mêmes difficultés et ils n'utilisent pas les mêmes stratégies en début d'apprentissage.

Le petit enfant n'apprend véritablement à lire et à écrire que lorsqu'il entre en CP. Mais avant de commencer cet apprentissage, il a eu un contact avec l'écrit, avec le livre et avec les lettres, il a compris que le système d'écriture reflète quelque chose de la parole et de la pensée. Pour s'en convaincre, il suffit de regarder de tout jeunes enfants ouvrir des livres et raconter une histoire en tournant les pages, ou bien tracer des traits et des boucles en guise de messages. Cet intérêt pour le livre et l'écriture peut être suscité, encouragé, ou ignoré par l'environnement familial de l'enfant, ce qui est lourd de conséquences sur les rapports ultérieurs de l'enfant à la chose écrite.

Le jeune enfant se sensibilise au langage écrit lorsque, regardant un mot sur une page, il lui fait correspondre un mot oral. Il ne lit pas au sens propre du terme : il identifie et devine un mot qu'il a reconnu à partir de quelques traits visuels (par exemple, certaines lettres de son prénom). Cette phase, qui est appelée " logographique ", prépare l'enfant à la notion d'une correspondance entre langage écrit et langage oral. Certains chercheurs en dénient l'importance, d'autres jugent qu'elle pourrait permettre à l'enfant de reconnaître de petits ensembles de lettre [58]. On peut trancher en disant que si, pour certains enfants, lire c'est d'abord deviner... pour d'autres, lire c'est d'abord déchiffrer.

Quoi qu'il en soit, pour entrer véritablement dans l'apprentissage du langage écrit, l'enfant doit comprendre que les textes écrits sont composés de phrases, que les phrases sont composées de mots, que les mots sont composés de petites unités (les lettres), que ces unités correspondent à des mouvements qu'il fait avec sa bouche ou qu'il peut entendre lorsqu'on lui parle (les phonèmes articulés). L'apprenti lecteur doit donc partir d'un ensemble pour le décomposer en toutes petites unités, puis le recomposer. Il doit également comprendre qu'on lit les mots de gauche à droite (pour le français, l'anglais ou l'espagnol par exemple) ou de droite à gauche (pour l'arabe ou l'hébreu). Il doit analyser la séquence des lettres et les fusionner d'une certaine façon afin de respecter le découpage syllabique des mots :

on lit "ca/nard " en séparant le " a " du " n ", et " can/tine " en associant le " a " et le " n ".

L'enfant acquiert ainsi les règles de la phase alphabétique, qui est la première véritable phase de lecture, et qui lui permet de décoder seul un grand nombre des mots de sa langue [32].

La découverte de cette méthode est étonnante pour l'enfant : pour parler, il n'avait pas besoin de connaître consciemment ces différentes unités, et surtout les plus petites et les plus abstraites. L'apprentissage du langage écrit le contraint à un traitement très formel du langage : pour comprendre le sens de ce qui est écrit (ce qui est le but de la lecture), pour écrire correctement ce qu'il entend (ce qui est le but de l'orthographe), l'enfant doit s'appliquer à bien analyser et à bien recomposer les mots.

L'ÉCRIT ET L'ORAL

Si notre écriture alphabétique est économique en signes, elle est en revanche contraignante dans son rapport à l'oral. Elle s'appuie sur la représentation de plusieurs unités de la langue : les mots, les syllabes et les phonèmes qui n'ont ni le même statut ni le même rythme. Pour retrouver la parole derrière l'écrit, beaucoup d'opérations sont nécessaires.

La musique de la parole

La frontière des mots écrits est matérialisée par des espaces séparant des suites de lettres. Lecture et écriture utilisent donc à leur profit la capacité linguistique à segmenter un énoncé en mots. À l'oral, cette capacité est très liée à la prosodie, c'est-à-dire à la mélodie de la parole, aux intonations, accentuations, et inflexions du discours. Nous ne parlons pas avec des mots débités avec la même intensité, la même durée. C'est ce qui permet à l'auditeur de suivre le discours et de le comprendre.

Or, la prosodie n'est pas codée dans les systèmes alphabétiques. Les signes de ponctuation sont beaucoup trop pauvres pour traduire l'intonation signifiante de la parole. Nous écrivons des signes alignés sur des lignes qui ne montent pas, ne descendent pas. Notre graphisme n'est pas plus épais lorsqu'un mot doit être détaché.

Il faudra donc que le lecteur recrée mentalement la mélodie de la parole à partir des séquences graphiques. C'est ce que l'on appelle la sub-vocalisation. Cette activité n'est pas naturelle, elle doit être apprise et adaptée au système d'écriture. Les premiers écrits grecs, par exemple, qui ne comportaient aucun espace entre les mots, exigeaient des capacités de segmentation encore plus élaborées que les nôtres.

Nous savons que la segmentation de l'enfant n'est pas la même que celle de l'adulte. Il se représente longtemps certaines suites de mots comme des blocs (le petit enfant parle par exemple du " néléphant "). Il va devoir découvrir, à travers la lecture, des axes de segmentation qu'il ne soupçonnait pas.

Les syllabes, les phonèmes et les lettres

Le bébé perçoit, à l'intérieur des mots, des suites de larges unités indivisibles, les syllabes. Il peut discriminer non seulement des *voyelles telles que /a, i, u/*, mais également des syllabes qui *diffèrent par une seule consonne comme /pa, ta, ka/, /ba, da, ga/ ou /ba, ma/* [9].

Cette représentation acoustique des syllabes fusionne, chez le jeune enfant, avec le mouvement que réalisent les organes de la parole (lèvres, dents, langue...) pour les articuler. Si nous demandons à un enfant de quatre ou cinq ans de porter son attention sur ce qu'il ressent lorsqu'il articule */pain/* ou */bain/*, il dira que */bain/* résonne plus loin dans sa bouche, le chatouille davantage. Si nous lui demandons de faire la même chose avec */pain/* et */tain/*, il nous dira qu'il a produit */pain/* sur ses lèvres et qu'il a produit */tain/* avec sa langue et ses dents.

Ces sensations intra-buccales s'articulent à la perception auditive, permettant de distinguer une syllabe d'une autre et, plus globalement, un mot d'un autre. Lorsque l'autre nous parle, nous le comprenons non seulement parce que nous entendons ses mots, mais aussi parce que nous reproduisons en nous-mêmes, sans nous en rendre compte, les mouvements de sa bouche. La parole de l'autre fait écho, dans notre sensation et dans notre cerveau, à notre propre parole articulée. Cet enracinement corporel de la phonologie a été récemment mis en lumière par les travaux réalisés en imagerie cérébrale fonctionnelle, qui montrent que la perception de la parole active les zones dévolues à la motricité articulatoire de la parole [30].

Pour lire et écrire, les enfants doivent être capables de s'affranchir du découpage des mots, des syllabes, afin d'isoler les plus petites unités de la parole : les phonèmes (consonnes et voyelles), qui constituent l'architecture acoustique et articulatoire de la langue, appelée phonologie.

Avant d'apprendre à lire et à écrire, les enfants ne " savent " pas qu'il existe de telles unités dans la parole qu'ils entendent. En effet, ce niveau d'analyse ne leur est pas utile : pour comprendre les mots, il leur suffit de percevoir que */pain/* se différencie de */bain/*. En revanche, pour accéder au code alphabétique, il leur faut absolument dissocier et traiter ces petites unités.

Le mot " cadeau " commence non par la syllabe /ka/ mais par le phonème /k/, qui s'écrit " c " et se prononce au fond de la gorge.

L'apprentissage du code alphabétique donne au phonème le statut de réalité perceptible par l'oreille, la bouche, les yeux et la main.

L'association entre le système alphabétique et les structures phonologiques orales est complexe, car la représentation des phonèmes par les lettres est soumise à des distorsions, qui résultent des décalages d'évolution respective de la langue orale et de la langue écrite. Ces distorsions sont par exemple :

- Les lettres à double valeur phonétique comme le " c ", le " g " ou le " s " qui imposent un choix de prononciation selon l'environnement dans lequel elles apparaissent.

- Les phonèmes n'ayant pas de correspondant graphique comme le /in/ ou le /on/ pour lesquels l'association de deux lettres prend la valeur d'un graphème unique.

- La perte de la valeur d'indice phonologique de la lettre au profit d'une valeur d'indice grammatical (le " ent " silencieux du verbe " couvent " par rapport au " ent " audible du " couvent ").

Toutes ces irrégularités viennent compliquer le système des correspondances entre graphèmes (lettres ou groupes de lettres) et phonèmes (unités de prononciation des mots).

Ces distorsions sont également liées aux différences de rythme entre langue écrite et langue orale.

La structure rythmique de la parole étant fondée sur la syllabe, on ne prononce pas {ch - o - c - o - l - a}, mais {cho - co - la}.

Dans la langue française, les frontières des syllabes sont claires et non ambiguës, l'enfant s'appuie donc " naturellement " sur ce découpage évident [51]. Or les syllabes ne sont pas représentées dans le système alphabétique. L'apprenti lecteur doit donc se livrer à un travail de segmentation et de fusion pour les retrouver. Il doit grouper et séparer les lettres selon des axes dont la seule référence est le rapport à la structure orale des mots.

EXEMPLE

Le mot : " *maintenant* " comporte trois syllabes.
Son rythme syllabique oral est / main / te / nant.

Pour retrouver cette structure rythmique à l'écrit, il faut grouper " *m* ", " *a* " , " *i* " et " *n* " tout en abandonnant la valeur phonétique initiale du " *a* ", du " *i* " et du " *n* ", celle du " *ai* ",

grouper " *t* " et " *e* " qui gardent leur valeur initiale,

puis grouper " *n* ", " *a* ", et " *n* " en abandonnant la valeur phonétique du " *a* " et du second " *n* ",
et ignorer le " *t* " final.

CAPACITÉS REQUISES PAR L'APPRENTISSAGE DE LA LECTURE

L'apprentissage très formel et très complexe du langage écrit exige des compétences préalables en matière de langage oral. Il sera plus facile à l'enfant d'apprendre à lire et à écrire s'il connaît beaucoup de mots, s'il peut jouer à décomposer oralement les phrases (" *le lapin mange une carotte* " *comporte cinq mots*), à décomposer les mots (*dans* " *tapis* ", *il y a deux morceaux :* " *ta* " *et* " *pi* "), à trouver leurs similarités (" *chat* " *et* " *car* " *comportent le son /a/*), s'il a une bonne intégration et une bonne représentation des schèmes moteurs et articulatoires qui sous-tendent la production des phonèmes.

Mais apprendre à lire et à écrire requiert aussi de l'enfant une intégrité sensorielle et motrice (vision, audition et motricité fine), des ressources cognitives suffisantes (l'enfant doit être capable de fixer longuement son attention, de mettre en jeu sa mémoire, de lier très rapidement un signe qu'il traite avec ses yeux - dessin, chiffre, lettre - et un mot, d'avoir de bons repères dans l'espace et dans le temps), s'il peut reconnaître que des signes proches mais diversement orientés sont dissemblables, s'il peut faire correspondre des signes avec d'autres signes.

Parce que l'écriture alphabétique visualise l'architecture de la parole, elle est aussi très contraignante en ce qui concerne le contrôle visuel. Comme nous le rappelions précédemment, l'ordre d'agencement des lettres est un élément capital du système, de gauche à droite dans les langues occidentales, de droite à gauche pour l'alphabet arabe. Le sens de la lecture est donc un arbitraire auquel les enfants, habitués à traiter le matériel visuel (paysages, visages, dessins) de manière non linéaire, sont obligés de se soumettre. La maîtrise de la linéarité du regard n'est pas innée, mais apprise [15].

La seule référence possible pour que l'apprenti lecteur parvienne à ce traitement linéaire est la structure orale des mots. Car, si un bonhomme dessiné la tête en haut ou la tête en bas, avec de longs bras et des jambes courtes ou le contraire reste un bonhomme, un trou n'est pas un tour, un garde n'est pas un grade... Parce que l'objet linguistique est d'une infime précision, il est nécessaire que l'analyse visuelle s'affine comme l'a fait l'analyse auditive.

L'analyse visuelle de l'enfant (comme d'ailleurs celle de l'adulte) repose sur deux modes de traitement. L'un, très rapide, lui permet de percevoir globalement une chose dans son intégralité ou dans son schéma général. L'autre, plus lente, lui permet de discriminer les détails. C'est ce second traitement qui est particulièrement requis durant la lecture, car les lettres sont des signes délicats, parfois très ressemblants, dont l'identification exige une attention visuelle très soutenue.

Lorsque l'enfant apprend à lire les mots, son regard doit se discipliner pour adopter une stratégie visuelle, " l'effet de la position du regard ", qui a été retrouvée chez des lecteurs français, anglais, japonais ou hébreux. Ce point de fixation optimal, situé à gauche du centre du mot, apparaît chez les enfants au bout de quelques mois d'apprentissage [2].

Sur le plan spatial, les lettres sont des traits et des boucles dont l'orientation est fonctionnelle. Pour lire, il ne suffit pas de distinguer des formes, il faut prendre conscience que leur orientation est un élément de signification.

Ainsi " b " et " d ", " u " et " n ", sont des formes identiques dont seule l'orientation change.

LA CONSTITUTION DU LEXIQUE

L'apprentissage de la langue écrite ne se réduit évidemment pas à l'apprentissage du code alphabétique. Il ne suffit pas à l'enfant de connaître les règles de correspondance entre phonèmes et graphèmes pour savoir lire et écrire les mots. Il lui faut automatiser ces règles afin de les mettre en œuvre sans s'en apercevoir, de façon extrêmement rapide. En déchiffrant de plus en plus vite les graphèmes (lettres de l'alphabet et graphies complexes) de la langue, en stockant dans sa mémoire des syllabes ou des configurations de lettres, il peut en effet lire de plus en plus de mots, de plus en plus vite. En s'appuyant sur les analogies qui existent entre certains mots, l'enfant parvient à déchiffrer seul un certain nombre de mots qu'on ne lui a pas appris.

En même temps qu'il automatise les règles du déchiffrement, l'enfant apprend à photographier et à stocker les mots avec leurs contours et leurs traits particuliers. Il se rend compte que les mots ont une forme définie, qui ne se superpose pas toujours à leur prononciation. Son lexique, d'abord fonctionnel, devient de plus en plus stable et redondant [62].

L'enfant saisit que l'orthographe a ses lois propres, qui ne sont pas toujours faciles à comprendre, mais que l'on apprend pour certaines sans s'en rendre compte, à force de fréquenter les mots.

Ainsi, en français, on peut transcrire " o " de plusieurs façons (on écrit " chapeau ", " piano ", " seau "), on ne peut jamais commencer un mot par une double lettre (on ne trouve pas de " llapin " ou de " rraton ", alors qu'on trouve des " malles " et des " carreaux ") et on ne redouble jamais certaines lettres (il n'existe pas de " cahhier " ou de " taxxi ") {60}.

En revanche, certaines lois orthographiques s'apprennent à l'école. La lettre " c " se lit " s " lorsqu'elle est suivie par un " e " et un " i ", elle se lit " k " lorsqu'elle est suivie par un " a " et un par un " o ". De la même façon, la lettre " g " se lit " j " lorsqu'elle est suivie par un " e " et un " i ", elle se lit " g " lorsqu'elle est suivie par un " a " et un par un " o ". Les graphies " on ", " an ", " en " et " in " s'écrivent (presque) toujours " om ", " am ", " em " et " im " lorsqu'elle sont suivies par un p ou un b. Parfois, hélas, surgissent des exceptions : ne trouve-t-on pas des " bonbons " qui, délicieux sous la langue, transgressent justement la règle du " omb " ?

Plus difficile encore, l'enfant doit apprendre à lire d'une certaine façon des mots (appelés irréguliers) qui se disent autrement (" *monsieur* ", " *femme* ", " *automne* " *ou* " *chorale* "). Cet apprentissage orthographique explicite et implicite permet à l'enfant de lire les mots presque d'un seul coup d'œil, plus rapidement que lorsqu'il reconnaît une image. Il lui permet également de les transcrire lorsqu'on les lui dicte, en les dissociant de leur forme sonore.

Pour acquérir cette compétence orthographique, l'enfant doit donc avoir mémorisé la forme précise des mots dans son répertoire de mots (le lexique mental) en ayant bénéficié de l'apprentissage implicite (ce qu'il a compris tout seul, à force de fréquenter les mots) et explicite (ce qui lui a été enseigné). Mais pour pouvoir constituer l'identité des mots, encore faut-il qu'il n'ait aucun doute sur l'identité des lettres, qu'il puisse passer rapidement d'une lettre à l'autre et les fusionner, qu'il puisse accéder rapidement à la prononciation et au sens de ce mot. Encore faut-il que les mots de la langue orale ne se dérobent pas sans cesse à lui, qu'ils soient rapidement accessibles.

LORSQUE LA LECTURE EST ACQUISE...

LIRE ET COMPRENDRE

Lorsque les mots sont bien et vite identifiés, lorsque l'enfant les stocke dans sa mémoire sous leur forme rythmique syllabique, il peut réserver toute son énergie au but ultime de la lecture, qui n'est pas (seulement) de lire des mots, mais (surtout) de comprendre un texte.

La compréhension des textes requiert, comme la lecture des mots, des compétences préalables. L'enfant doit avoir un bon vocabulaire et maîtriser les principes de base de la syntaxe. Il doit comprendre et utiliser les " mots pleins " (noms, verbes, adjectifs) et les mots-outils que sont les prépositions, les conjonctions, les adverbes, les articles, les pronoms. Il lui faut différencier le sujet (l'agent), l'action (le verbe) et l'objet (le complément) d'une phrase. Il doit savoir tenir compte du temps et du mode des verbes, du pluriel, saisir l'enchaînement des actions. Il doit identifier ce que signifient " sur ", " sous ", " devant ", " derrière ", " le deuxième ", " le troisième ", " après ", " avant "... tous ces éléments qui situent les choses et les êtres dans l'espace et dans le temps.

Pour traiter finement les textes, l'enfant doit savoir porter son attention au-delà de l'agencement linéaire des mots dans la phrase. *Ainsi, l'énoncé " le livre sur lequel est posé le crayon est bleu " ne veut pas dire que " le crayon est bleu " (ce qui est effectivement écrit) mais que " le livre... est bleu ".*

De même, pour pouvoir correctement transcrire un texte qu'on lui dicte ou qu'il invente, l'enfant doit écrire des choses qui ne s'entendent pas *(la séparation de l'article et du nom dans " l'oiseau ", le féminin de l'adjectif dans " la mer est bleue" ou le pluriel du verbe dans " les oiseaux chantent ")* et appliquer des règles grammaticales.

L'apprentissage du langage écrit permet à l'enfant d'acquérir de nouvelles compétences cognitives et linguistiques. Son attention et sa mémoire se développent, son langage oral se complexifie. L'accès au langage écrit permet aux différentes " enveloppes " du mot de se fondre les unes dans les autres, de " s'amalgamer " les unes aux autres [26].

L'enfant avait constitué dès la naissance l'enveloppe prosodique (la musique du mot) et l'enveloppe phonologique (le mot que l'on entend), très vite il avait acquis l'enveloppe sémantique (le mot que l'on comprend), et à partir d'un an il avait commencé à constituer l'enveloppe motrice-articulatoire (le mot que l'on prononce). Avec la lecture et l'orthographe, il acquiert l'enveloppe motrice-graphique (la suite de lettres que l'on trace avec sa main), l'enveloppe orthographique (le mot que l'on transcrit) et l'enveloppe grammaticale (les mots au singulier et au pluriel, au féminin et au masculin).

L'enfant accroît son lexique : il apprend une multitude de nouveaux mots qu'il n'utilisait pas nécessairement avec ses parents ou ses copains. Ses repères spatiaux et temporels deviennent plus précis : il peut savoir et vérifier vers quelle ville on le conduit, à quelle station de métro il descend, en quel mois de l'année on est. Il découvre de nouvelles règles de syntaxe, et une nouvelle façon, plus organisée, de construire des phrases ou de raconter une histoire [80].

L'apprentissage très complexe du langage écrit a aussi des incidences sur les capacités sensorielles, motrices et cérébrales de l'enfant. Son analyse auditive et visuelle s'affine, sa motricité fine se précise. Certaines zones de son cerveau se développent, établissent des connexions de plus en plus serrées les unes avec les autres.

Sur le plan psychologique et affectif enfin, l'enfant entre avec le langage écrit dans un nouveau monde. Il peut désormais accéder sans l'aide de personne à des textes rendant compte de la réalité ou de la fiction, découvrir la pensée de quelqu'un en son absence, écrire son journal secret. Il peut accéder seul à des univers démultipliés.

LES PÉDAGOGIES DE LA LECTURE *(Sylvie Raynaud)*

La possibilité pour l'enfant de s'adapter aux contraintes du langage écrit est conditionnée par les stratégies éducatives auxquelles il est confronté. Comme lorsqu'il a appris à parler, l'enfant qui apprend à lire se trouve face à des messages qui lui sont adressés dans un code dont il ne possède pas les clés, et qu'un tiers lui transmet. Mais, alors que l'apprentissage du langage se fait dans le milieu " écologique " où l'enfant et ses proches s'adaptent les uns aux autres dans une relation affective, les conditions d'apprentissage de la lecture sont socialement institutionnalisées.

Les effectifs des classes de CP (25 à 30 enfants de six ans pour un seul enseignant) sont parfois bien lourds pour que les enfants les plus fragiles et les plus dépendants d'une interaction avec l'adulte y trouvent leur compte. Il faut beaucoup d'habileté à l'enseignant pour arriver à ce que chaque enfant se sente personnellement concerné et impliqué dans l'apprentissage. Il faut que l'enfant soit soutenu par sa famille, qu'il ait un vrai désir d'apprendre et un niveau de maturité suffisant. On peut considérer qu'à l'âge de six ans cette maturité est atteinte sur le plan affectif et sur le plan cognitif.

Si, globalement, les enfants de six ans sont aptes à apprendre à lire, il existe cependant un certain nombre d'éléments dont notre système éducatif doit tenir compte :

- tous les enfants de CP n'ont pas vraiment le même âge. Certains sont du début de l'année, d'autres de la fin de l'année. Entre les uns et les autres, il peut y avoir onze mois d'écart, ce qui, à six ans, est énorme,

- tous les enfants n'ont pas le même rythme d'évolution,

- certains enfants ont eu des retards ou des désordres dans le développement du langage (liés à des traumatismes psychologiques, à des hypoacousies transitoires),

- un certain nombre d'enfants présentent des difficultés d'attention, de concentration, de contrôle moteur qui vont parasiter l'apprentissage de la lecture. On sait, par exemple, que 50 % des enfants hyperactifs développent des troubles des apprentissages,

- d'autres enfants présentent de légers troubles neurologiques. On rencontre une certaine proportion de troubles du langage écrit chez les enfants épileptiques, et chez ceux qui ont subi une souffrance néonatale, une naissance longue et difficile, une anoxie ayant nécessité une oxygénation. Ces enfants sont souvent plus lents que les autres, dans divers domaines.

L'enseignement de la lecture ne prend pas suffisamment en compte ces paramètres. Quelles que soient les options pédagogiques choisies par le maître, et quelles que soient sa souplesse et son adaptabilité, il n'a pas la possibilité d'individualiser son enseignement en fonction des besoins de chacun de ses élèves. En outre, il n'est pas toujours bien formé à analyser les contraintes liées au système d'écriture alphabétique.

Les débats sur les méthodes d'enseignement

L'histoire de la pédagogie de la lecture est marquée par des affrontements méthodologiques.

La méthode synthétique ou syllabique connaît son apogée au 17ème siècle. Le précurseur de cette méthode, Démia, s'est inspiré de la façon dont les Grecs et les Romains apprenaient l'alphabet. La méthode s'appuie sur des exercices de fusion des lettres afin de construire des syllabes, puis des mots. Elle est longue et laborieuse.

Le défaut de cette méthode est qu'elle est construite sur une dissociation signifiant (signe) - signifié (sens du message). Le signifiant est dépouillé de son signifié. On déchiffre pour déchiffrer. On donne à l'apprenti lecteur des suites de signes qui ne transmettent pas de messages. Ce qui est générateur d'échec et de découragement chez l'enfant est le fait que ce principe ne soit appliqué que tardivement à des vrais messages dotés de sens.

Le point fort de cette méthode est qu'elle s'appuie sur la lettre et le graphème, unités de base du système alphabétique, et qu'elle permet aux apprentis lecteurs de les identifier sans ambiguïté.

La méthode analytique ou globale apparaît au 18ème siècle. L'abbé de Radonvilliers et Nicolas Adam au 18ème siècle, Jacotot au 19ème et Decroly au 20ème proposèrent des méthodes qui visaient à développer la compréhension. Ils postulèrent que la compréhension ne pouvait venir que de la démarche inverse à celle qui avait précédemment sévi. Si en synthétisant, on lisait des choses stupides, alors, pour lire des choses intelligentes, il fallait analyser.

Le principal **défaut** de cette méthode est de nier le principe alphabétique. L'écrit a perdu son statut d'objet linguistique : c'est une forme qui renvoie à une autre forme.

L'apprenti lecteur repart à zéro comme s'il ne devait pas intégrer les lettres dans un système linguistique déjà installé.

L'intérêt de cette méthode, en revanche, est qu'elle place le contenu du message au cœur de l'activité de lecture.

La méthode analytico-synthétique ou mixte apparaît au 19ème siècle. Schüler, puis madame Rouquié au 20ème siècle, tentent de concilier le point de vue de l'analyse (comparer les mots dans leurs analogies ou leurs dissemblances) et celui de la synthèse (pour former des mots nouveaux).

Cette démarche est plus conciliante et plus proche de la complexité linguistique que les méthodes purement globales ou purement syllabiques, puisqu'elle insère le mot dans la phrase et qu'elle tient compte du principe alphabétique, en prévoyant une étape de déchiffrement.

La méthode de la devinette est apparue dans le dernier quart du 20ème siècle, sous-tendue par l'idée qu'on lit du sens et non du son. L'essentiel de l'activité de lecture consisterait à prévoir, à deviner, ce qui est écrit dans le texte. Le lien entre la forme écrite du message et sa signification pourrait donc faire l'économie du passage par l'oral. Les auteurs qui ont défendu cette méthode (Foucambert, Charmeux) préconisent l'interdiction de la lecture à voix haute (l'oralisation) en cours d'apprentissage et ils déconseillent l'apprentissage du déchiffrage. Or, l'on ne peut comprendre le fond qu'en identifiant la forme.

On peut se demander pourquoi les débats analyse/synthèse ou son/sens ont été si virulents, et pourquoi ils opposent encore certains pédagogues, alors que le simple bon sens nous dit que pour lire il faut analyser et synthétiser.

L'élève doit apprendre à alterner continuellement l'un et l'autre.

Certains enfants sont mal équipés pour les fonctions linguistiques pluri-modales qui sous-tendent la lecture. Si on ne les conduit pas sur le chemin qui connecte le mot écrit à sa signification par l'intermédiaire de la parole, ils sont perdus.

Une grande majorité des enfants en détresse que nous recevons n'a pas compris que la lecture était un codage de la parole, et qu'il existait des clés pour décoder les messages. Ils mobilisent une quantité phénoménale de mémoire pour se souvenir de formes longues et complexes, totalement arbitraires, alors qu'ils n'ont pas la moindre chance de trouver un rapport iconique entre le mot écrit et son référent : ni la longueur du mot (la petite *coccinelle* a une si longue graphie, par rapport à l'*ours* gigantesque du zoo dont le nom est si vite écrit), ni sa structure orthographique (quel rapport sémantique existe-t-il entre une caravane, une carabine et un caramel ?).

Ce n'est qu'au prix d'une prise en charge longue et complexe, que ces enfants en difficulté pourront élaborer des stratégies de lecture efficaces et retrouver la confiance en eux.

2
Les troubles du langage écrit
Dyslexies et dysorthographies

Monique Plaza

Définition des troubles

Les compétences de langage écrit se préparent à l'école maternelle, se développent au cours du cycle 2 (grande section de maternelle, CP, CE1) et du cycle 3 (CE2, CM1 et CM2) de l'école primaire. Elles continuent à s'enrichir longtemps, grâce à la pratique de la lecture et à la fréquentation des livres. Cependant, certains enfants se bloquent devant le langage écrit alors qu'ils ont eu un bon environnement, que leur développement a été harmonieux, que leur histoire n'a été déchirée par aucun traumatisme majeur, et qu'ils n'ont pas de pathologie psychique particulière. Ce sont ces enfants que l'on appelle dyslexiques.

Les troubles dyslexiques et dysorthographiques sont des troubles spécifiques du développement du langage écrit qui se distinguent des troubles acquis d'une part, des troubles associés de l'autre.

Les troubles acquis du langage écrit de l'enfant sont définis par leur moment d'apparition et par leur cause (ils sont consécutifs à des pathologies cérébrales ou neurologiques avérées).

Les troubles associés affectent des enfants qui présentent une déficience intellectuelle globale, des troubles avérés du langage oral, des troubles d'apprentissage dans le cadre de syndromes génétiques, de grave carences socio-éducatives ou de perturbations psychologiques sévères.

Les troubles acquis et associés donnent lieu à des difficultés de langage écrit qui peuvent être qualifiées de dysfonctionnement ou de retard de lecture, mais non de dyslexie.

Les dyslexies et dysorthographies apparaissent chez des enfants qui ne présentent aucune pathologie génétique ou neurologique préexistante ou acquise, qui ont de bonnes capacités intellectuelles, sensorielles, neurologiques et affectives, et un environnement sociologique, psychologique et éducatif apparemment normal [11, 17, 19, 28, 36, 41, 54, 85].

On parle de dyslexie-dysorthographie lorsque l'enfant présente un retard d'apprentissage de la lecture et de l'orthographe d'au moins deux ans par rapport à son développement cognitif général. Il s'agit d'un trouble durable d'acquisition du langage écrit qui affecte la maîtrise des mécanismes d'identification (lecture) et de production (écriture) des mots et, par voie de conséquence, la compréhension et la transcription des textes. Les enfants mettent en place de façon atypique les stratégies de lecture et de transcription orthographique. Le trouble du langage écrit peut être compensé grâce aux aides dont l'enfant bénéficie, mais il persiste à l'âge adulte, se traduisant dans la plupart des cas par une certaine lenteur de lecture, une difficulté à lire des mots nouveaux (noms de médicaments, noms propres) et une dysorthographie.

Manifestations des troubles de lecture et d'orthographe

Le trouble spécifique du langage écrit de l'enfant se manifeste en premier lieu, et de la façon la plus évidente, par une difficulté à maîtriser les règles de correspondances entre les sons de la langue - les phonèmes - et les lettres de l'alphabet et les groupes de lettres - les graphèmes. L'enfant ne parvient pas à inscrire ce code dans sa mémoire (il ne l'automatise pas), il confond des lettres visuellement proches *(comme " d ", " b ", " p ", " q " qui ne diffèrent que par l'orientation spatiale de leurs traits, ou n et m qui diffèrent par le nombre de leurs jambages*), il discrimine mal les lettres qui se prononcent de façon quasiment similaire (*" f " et " v ", " k " et " g ", " d " et " t ", " ch " et " j " s'articulent presque de la même façon*). Il ne lit pas bien le mot de gauche à droite, saute d'une lettre à l'autre, ne respecte pas l'ordre séquentiel de la langue alphabétique.

Cette difficulté à maîtriser le code de correspondance entre sons et lettres (le code de correspondance phonèmes/graphèmes) et la stratégie séquentielle empêche l'enfant de retrouver dans les mots écrits des mots de la langue orale qu'il connaît bien le plus souvent. *On dit que l'enfant a des difficultés d'assemblage, qu'il a des troubles phonologiques.*

Le bon lecteur regarde un mot un peu à gauche de son centre, et très vite (en une seule fixation) il sait comment ce mot se prononce et ce qu'il signifie. L'enfant dyslexique, lui, est obligé de déchiffrer longuement chaque lettre du mot, de les fusionner, de revenir en arrière, pour trouver la forme sonore et le sens du mot. La lecture est pour lui un travail de Sisyphe, sans cesse recommencé.

Comme les mots lui résistent, lui évoquant un jour une chose, un jour une autre chose, l'enfant ne parvient pas à en fixer dans sa mémoire la forme définitive. *On dit qu'il a des troubles d'adressage, qu'il ne constitue pas bien son lexique mental.*

Il n'arrive pas à se souvenir que le " *e* " *de* " *femme* " *se lit* " *a* ", *que le* " *oi* " *d'*" *oignon* " *se prononce comme un* " *o* " (sauf en région provençale...). Il lit ces mots lettre à lettre, s'accrochant désespérément aux règles de correspondances des lettres et des sons de la langue qui lui échappent toujours un peu.

Du mot " *femme* " qu'il lit " *feume* " et de l'" *oignon* " dont il ne trouve pas la chair piquante sous la pelure des lettres " *wagnon* ", il ne sait pas quoi dire.

Le bon lecteur trouve facilement le chemin du mot : accomplissant à toute vitesse le travail de déchiffrage des groupes de lettres, il commence à lire " *camom* " et il entend dans sa tête, il se dit intérieurement : " *camomille* " !

Dès la cinquième lettre du mot, il a trouvé ce que les psycholinguistes appellent le " point d'identification " du mot et il a abouti au seul mot candidat possible dans son répertoire de mots [77] .

L'enfant dyslexique lit " *sanon...* " et rien ne vient : dès le début du mot, il a buté sur un point bascule, oubliant que " *c* " devant " *a* " se prononce " *k* " et non " *s* ", confondant " *m* " et " *n* ". La camomille ne s'épanouit pas, devient une chose sans existence. Le répertoire reste hermétiquement clos, le mot est aux abonnés absents.

Ces deux types de difficultés (troubles d'assemblage et troubles d'adressage) ont d'abord été mis en évidence chez des adultes qui, suite à des lésions cérébrales, avaient perdu tout ou partie de leurs capacités de lecture. Quand les neuropsychologues ont proposé à certains de ces adultes des mots qui ressemblaient à de vrais mots mais n'avaient pas de sens (des pseudo-mots comme " *brancaphone* " ou " *badouillir* "), ils ont remarqué que la tâche était très difficile, voire impossible. Ces personnes pouvaient lire et identifier des mots qui faisaient partie de leur lexique mental (y compris des mots irréguliers), mais elles ne pouvaient lire les pseudo-mots, qui les obligeaient à recourir à une analyse et à une fusion des graphèmes et des phonèmes.

Chez d'autres patients, le schéma était inverse : la lecture de pseudo-mots et de mots réguliers était possible, quoique ralentie, mais la lecture de mots irréguliers *(" automne ", " écho, " chorale ", " oignon ", " femme ", " monsieur ")* était très déficitaire, comme si le lexique mental de ces patients était devenu évanescent. Les patients lisaient ces mots irréguliers en appliquant systématiquement les correspondances graphèmes/phonèmes et, en les régularisant de la sorte, ils n'accédaient pas à leur sens.

Les neuropsychologues appelèrent le premier type de trouble dyslexie phonologique (le lexique mental acquis est relativement préservé, mais la personne ne peut plus déchiffrer de mots nouveaux) et le second " dyslexie de surface " (le lexique mental est inconsistant, seule la voie indirecte d'analyse et de fusion des graphèmes et des phonèmes est accessible).

Ces travaux cliniques permirent de formaliser un modèle de lecture à deux voies. On supposa que l'accès aux mots écrits se faisait soit par la voie indirecte (analyse et fusion des correspondances graphèmes/phonèmes), soit par la voie directe (entrée quasi immédiate dans le lexique mental).

D'autres travaux montrèrent en outre que certains adultes pouvaient avoir un trouble au niveau du traitement visuel précoce des lettres, et présenter de ce fait une dyslexie périphérique reposant sur une altération de certains processus d'attention visuelle [79].

Comme la neuropsychologie de l'enfant s'est d'abord beaucoup appuyée sur la neuropsychologie de l'adulte, elle a repris ces modèles théoriques et la classification des troubles qui en découlait. Elle a supposé que quatre types de troubles étaient envisageables chez l'enfant.

Classification des troubles

La 1ère forme de dyslexie se caractérise par une difficulté à utiliser la voie d'assemblage et les correspondances phonèmes/graphèmes. Elle a été appelée " dysphonétique ", " dyslexie de type L ", ou " dyslexie phonologique " [6, 12]. Elle se traduit par des difficultés marquées à lire à voix haute les pseudo-mots et les mots rares. L'enfant tente de s'appuyer sur des indices contextuels (les autres mots de la phrase, ou bien des images qui sont associées aux mots ou aux textes) pour identifier les mots.

Il fait des erreurs telles que :

- confusion de graphies proches sur le plan acoustique/articulatoire (p/b, k/g, ch/j, d/t),
- omission de consonnes, notamment lorsqu'elles sont en contact (" caton " pour " carton "),
- ajout de graphies,
- inversion de la séquence des lettres,
- omission ou ajout de syllabes.

Ces erreurs, qui sont liées à une mauvaise connaissance des correspondances phonèmes/graphèmes et à une difficulté à respecter l'ordre séquentiel des lettres, aboutissent à l'aiguillage vers un mot incorrect. L'enfant prend souvent des indices partiels (le début du mot, ou une syllabe qu'il connaît) pour tenter d'identifier le mot.

En lecture silencieuse, l'enfant ne perçoit pas toujours les erreurs de graphies dans les mots (*par exemple il juge que le mot " fagon " sous l'image d'un wagon est correct*). Il lit donc les mots d'une façon plutôt globale, sans traitement analytique ou avec un traitement analytique partiel. En transcription, il fait beaucoup d'erreurs phonétiques (*il écrit " dateau " pour " bateau " ou " cordo " pour " corbeau "*).

La 2ème forme de dyslexie se caractérise par une difficulté à utiliser la voie directe, et une tendance à recourir systématiquement à l'assemblage des graphèmes et des phonèmes. Elle a été appelée " dyséidétique ", " dyslexie de type P ", " dyslexie morphémique " ou " dyslexie de surface " [6, 12, 78].

L'enfant est tributaire de la voie d'assemblage, il est très lent et il n'accède pas toujours au sens du mot. Le trouble est particulièrement manifeste devant les mots irréguliers dont la forme graphique ne se superpose pas à la forme phonologique. L'enfant fait des erreurs liées à une application parfois incomplète des correspondance phonèmes/graphèmes (il ne maîtrise pas toujours les graphies complexes) et à des régularisations (*" femme " est lu " feume "*).

En lecture silencieuse, l'enfant ne reconnaît pas bien la forme orthographique des mots (*il juge que le mot " mèzon " est correct*). En parallèle, la transcription est plausible sur le plan phonétique, mais elle ne respecte pas l'orthographe des mots.

LA 3ÈME FORME DE DYSLEXIE combine les deux troubles. Elle est appelée dyslexie " mixte ". L'enfant est en difficulté pour lire et écrire tous les types de mots (pseudo-mots, mots réguliers, irréguliers, fréquents, rares). En effet, il n'a pas une bonne connaissance des règles de correspondance phonèmes/graphèmes et il n'a pas stocké suffisamment de mots dans son lexique mental.

Les neuropsychologues ont en outre supposé que certains enfants pouvaient présenter une **DYSLEXIE VISUO-ATTENTIONNELLE** liée à un traitement visuel déficitaire et à un trouble localisé de l'attention, aboutissant à un traitement visuel désorganisé. Cette forme de dyslexie correspond à la dyslexie " périphérique " de l'adulte ; elle se caractérise par une difficulté dans l'analyse linguistique et cognitif [84].

La distinction entre dyslexie phonologique et dyslexie de surface est de plus en plus remise en cause en neuropsychologie de l'enfant. La connaissance du développement apporte une notion importante : celle de condition nécessaire. Elle montre que si l'enfant n'a pas acquis et automatisé les principes de la stratégie alphabétique, il aura de grandes difficultés à constituer son lexique orthographique, c'est-à-dire à fixer la forme des mots dans sa mémoire.

En ce sens, la plupart des troubles dyslexiques de l'enfant sont phonologiques, se traduisant par une difficulté à acquérir et à automatiser les correspondances phonèmes/graphèmes et donc à constituer une représentation de haute qualité des mots en mémoire. Dans ce que l'on appelle " dyslexies de surface " les enfants auraient acquis la stratégie alphabétique mais ne l'auraient pas totalement automatisée, ce qui retarderait l'établissement du " magasin des mots " en mémoire.

Troubles associés aux dyslexies et dysorthographies

Bien que les troubles dyslexiques apparaissent chez des enfants ayant de bonnes capacités intellectuelles, leurs difficultés de lecture s'accompagnent d'un certain nombre de dysfonctionnements, qui sont variables selon les enfants. Les enfants dyslexiques sont loin d'avoir tous le même profil. Certains ont des troubles plus ou moins accentués de l'attention, d'autres ont une limitation de la mémoire, d'autres ont des difficultés psychomotrices.

Si la dyslexie n'est pas une névrose, et ne relève pas d'une interprétation psychanalytique, elle ne s'en accompagne pas moins chez certains enfants d'une psychopathologie secondaire, liée aux difficultés d'apprentissage (et, souvent, à la non reconnaissance et à la non prise en compte de ces difficultés par le milieu familial ou scolaire). La première petite fille qui m'a fait découvrir la " psychopathologie secondaire " à la dyslexie s'est présentée à moi dans la pâleur de la dépression et le désamour d'elle-même. Au fur et à mesure que nous avons découvert ensemble toutes les facettes de ses difficultés et de ses capacités, et que nous les avons nommées, elle a recouvré le goût d'apprendre à lire avec son orthophoniste. Elle a fini, un jour, par entreprendre d'écrire son journal secret. L'essentiel de la cause était gagné [64].

LA RÉALITÉ VÉCUE PAR LES PERSONNES DYSLEXIQUES

Sylvie Raynaud

Écouter l'histoire des personnes dyslexiques permet de comprendre à quel moment elles sont devenues imperméables à quelque chose qui nous paraît si simple et si naturel à acquérir.

Les enfants, les adolescents et les adultes en grande difficulté de lecture sont des individus blessés par leur trouble, qui éprouvent des sentiments de honte et de culpabilité. Ces sentiments sont plus aigus dans les problèmes de dyslexie et de dysorthographie que dans n'importe quelle autre pathologie du langage. Les aphasiques, les malentendants, les enfants souffrant de retards de langage, suscitent une sympathie. En revanche, les personnes dyslexiques se heurtent souvent à une sorte d'agressivité étrange, une suspicion de mauvaise volonté, de paresse, d'absence d'intelligence. Il en résulte un sentiment de honte, de culpabilité et d'angoisse qui peut entraîner une véritable phobie de la lecture.

Cette phobie se caractérise par d'importantes difficultés lors de la lecture à haute voix. La personne dyslexique tente de les surmonter par des conduites d'évitement qui peuvent aggraver les troubles et retarder le diagnostic.

Chez les jeunes enfants, ces conduites d'évitement peuvent se traduire par des refus d'aller à l'école, une inhibition, une timidité excessive, une agitation ou des manifestations psychosomatiques qui détournent l'angoisse en direction du corps.

Chez l'adolescent apparaît souvent une agressivité qui lui permet d'affirmer qu'il existe et qu'il est fort, même s'il ne sait pas lire.
Certains adolescents cherchent tous les moyens pour anesthésier leur angoisse, comme ce collégien non lecteur qui fumait du cannabis tous les matins pour affronter les sarcasmes dont il était victime au collège.

Chez l'adulte peuvent apparaître de véritables attaques de panique, comme cet homme qui se mit à éprouver un malaise respiratoire quand il dut lire à voix haute devant ses collègues au cours d'un stage.

Au cours de la rééducation, l'angoisse de lire à voix haute devant un tiers est le premier obstacle à surmonter. Il est vrai que la lecture à voix haute d'une personne dyslexique est pénible à entendre, ce dont elle a parfaitement conscience. Soit c'est une lecture terne, sans modulation, une succession de syllabes ou de mots maladroits, déformés, dont on a du mal à percevoir l'enchaînement ; soit la lecture a du relief, mais alors elle est émaillée d'interprétations, d'approximations, de mots qui ne sont pas du tout dans le texte et induisent parfois de véritables contresens.

Ces deux manières de lire sont directement liées à l'unité du système alphabétique que la personne dyslexique a essayé de traiter sans succès. Les unes tentent de traiter plutôt la lettre, les autres le mot. Mais toutes le font maladroitement car elles ont mal assimilé les structures qui unissent l'une et l'autre. Une personne dyslexique ne peut pas traiter en un même mouvement de pensée des unités de nature et de taille différente. Si elle se concentre sur les lettres, les mots lui échappent. Si elle se concentre sur les mots, leur structure interne devient floue. Si elle se concentre sur la structure graphique du mot, sa structure phonétique lui échappe. Si elle cherche à associer ces deux formes, c'est alors le sens du mot qu'elle perd. Cette incapacité aboutit à un déficit de l'accès au sens.

Lorsqu'on les questionne, ces sujets expriment de manière récurrente leur difficulté à retrouver la forme sonore de la parole dans les textes écrits. Ils ne parviennent pas à associer le carcan de l'écriture alphabétique à de la parole prononcée. Ils ont alors besoin de toute leur attention pour repérer les successions des lettres à l'intérieur des mots, discriminer avec précision leurs ressemblances et leurs différences. Cela leur demande de tels efforts qu'il ne peuvent pas, en même temps, accéder au sens du message. Ils essaient de le deviner, l'interprétant à leur manière sans pouvoir retrouver fidèlement ce qui est écrit. Lire les épuise.

Toutes les personnes dyslexiques cherchent à compenser leurs difficultés d'identification. En vingt-cinq ans, je n'ai pas rencontré une seule personne dyslexique qui n'ait pas eu conscience que le but de l'acte de lecture était de comprendre un énoncé. Leur difficulté majeure est d'identifier avec précision chacun des mots contenus dans le message comme étant un mot prononçable. Ne pouvant y parvenir de manière automatisée et à un moindre coût cognitif, elles ont recours à des stratégies compensatoires dont le seul but est de prendre le maximum d'informations en évitant de lire. Les procédures le plus fréquemment décrites par les sujets dyslexiques sont de quatre types.

Le recours à la mémoire visuelle globale

La procédure logographique est utilisée par les tout jeunes lecteurs qui cherchent à se constituer un petit stock de mots écrits dont ils connaissent le correspondant oral et auxquels ils peuvent accéder sans avoir à les lire. Les enfants de CP y ont parfois recours et disent devant un mot nouveau : “ je peux pas le lire, je l'ai pas appris “. Les sujets dyslexiques ont recours à cette technique de pré-lecture, même à l'âge adulte. Elle leur permet d'accéder à quelques mots, mais elle les laisse en panne devant tout mot nouveau, elle ne leur permet pas de différencier des mots proches (comme " *grade* " et " *garde* "), de prendre en compte les marques grammaticales (dans " *fait* " et " *fais* ") et donc de comprendre les relations syntaxiques. Elle ne permet d'orthographier que quelques mots fréquents.

Le recours à la mémoire verbale

Cette technique, utilisée quelquefois par les enfants de CP en début d'apprentissage, consiste à apprendre par cœur les phrases du texte. Ces enfants disent “ je peux lire, même en fermant les yeux “. Ils confondent mémoriser un texte et le lire.

Généralement, ils abandonnent cette technique dès que les textes sont trop longs. Elle est parfois utilisée beaucoup plus longtemps par de jeunes sujets dyslexiques qui apprennent des pages de leur livre de lecture en écoutant lire les autres élèves ou leurs parents.

Le recours à cette technique retarde parfois considérablement le diagnostic car l'entourage de l'enfant, l'écoutant répéter ses textes, croit qu'il sait lire et est étonné de le voir un jour totalement paralysé devant un texte nouveau. Cette technique ne permet pas d'orthographier le moindre mot.

La prise d'indices partiels

On a vu qu'il n'est pas utile de déchiffrer un mot en entier pour l'identifier, parfois les premières lettres suffisent, parfois quelques indices saillants dans le mot permettent de le reconnaître sans équivoque. Le lecteur expert a recours à cette stratégie, comme les sujets dyslexiques. Mais, alors que les lecteurs experts lisent le mot jusqu'au bon point d'identification, les dyslexiques utilisent cette technique d'une manière inefficace. Un adolescent scolarisé en 5ème nous décrivait qu'il prenait les deux ou trois premières lettres du mot, et faisait défiler dans sa tête un petit répertoire de mots commençant par ces lettres jusqu'à ce qu'il trouve celui dont le sens collait avec le texte. Cette technique est épuisante pour le sujet puisqu'elle fait continuellement appel à la suppléance mentale. Au lieu de se limiter aux mots du texte, il évoque des mots inutiles qui parasitent sa compréhension.

Cette technique permet d'orthographier des mots incomplets, tronqués, que les déformations rendent parfois illisibles pour autrui. Elle ne permet de tenir compte ni de l'orthographe lexicale (orthographe d'usage), ni de l'orthographe syntaxique (accords grammaticaux).

L'appui sur le contexte

Les sujets dyslexiques sont les champions de la devinette psycholinguistique et ils s'appuient sur deux types de contexte.

Le **contexte extralinguistique** est constitué par tout ce qui entoure le texte : dessins, illustrations. L'enfant regarde les images et imagine ce qui pourrait être écrit. C'est ainsi que devant l'image du prince escaladant une tour dans " La princesse Finemouche ", une fillette de neuf ans, dyslexique sévère, tenta de lire le mot " *escalada* " et dit " *euscala* ", puis " *setalapa* ", puis " *sotalapa* ", puis renonçant à lire, dit " *grimpa* ". Elle avait très largement recours à cette stratégie tant son désir de comprendre l'histoire était puissant et tant sa difficulté à identifier les mots était massive.

Le **contexte linguistique** est constitué par la phrase.

Il s'agit de deviner un mot à partir du reste de la phrase. Un adulte dyslexique expliquait qu'il essayait de lire un texte puis, butant sur un mot, recommençait tout le paragraphe, puis butait encore sur le même mot, reprenait tout le paragraphe et ainsi de suite. Il concluait en disant : “On finit par s'énerver et on envoie tout promener“. Cette technique a pour but d'inférer le mot non lu à partir du contexte. Elle ne permet pas plus d'orthographier que les précédentes.

Toutes ces techniques décrites par les sujets dyslexiques ne sont pas aberrantes : les lecteurs débutants ou les lecteurs experts les utilisent parfois pour extraire des informations. Le propre de la dyslexie n'est pas de recourir à des stratégies de contournement mais de le faire de façon rigide, sans pouvoir utiliser la procédure de déchiffrage. Tous les lecteurs, bons et mauvais, contournent cette procédure extrêmement contraignante aussi souvent qu'ils le peuvent. Mais si les premiers court-circuitent quelque chose qu'ils savent faire et qu'ils ont dépassé, les seconds remplacent quelque chose qu'ils ne savent pas faire.

Si les sujets dyslexiques ne vont pas spontanément au déchiffrage, c'est généralement parce que leur niveau d'organisation linguistique ne leur permet pas de le faire sans efforts. Ils ont donc besoin d'être aidés et encouragés pour le faire. Le fait même de ne pas tenter d'utiliser le déchiffrage ou de le tenter trop tardivement est générateur de troubles dyslexiques et de leur corollaire, la dysorthographie, qui est le miroir grossissant de la dyslexie. Toutes les difficultés du sujet dyslexique à transcoder, à segmenter, à organiser, se trouvent amplifiées lorsqu'il doit écrire. L'outil dont il dispose pour encoder les messages est le reflet de celui dont il dispose pour les décoder.

Les écrits des sujets dyslexiques nous montrent la façon dont ils maîtrisent le système alphabétique. Il existe une dissociation entre le message qu'ils cherchent à transmettre et leur représentation de ce qu'il faut faire pour le produire. Parce que leur représentation de la parole est imprécise, ils adoptent avec difficulté les conventions de l'écrit.

Le signe " *m* " nous indique qu'on serre les lèvres pour prononcer /*moi*/ et le signe " *n* " nous indique qu'on pointe la langue vers les arcades dentaires pour prononcer /*noix*/. De cette différence articulatoire minime découle une différence de signification, et c'est cette différence que prend en compte le système alphabétique. Le petit garçon ou la petite fille qui a l'habitude de dire *" j'ai mangé des moix "* n'accorde pas d'importance à la différence entre la lettre " *m* " et la lettre " *n* " parce que cette différence n'est pas fonctionnelle dans sa parole, et donc, par extension, dans sa représentation de la langue, orale ou écrite. Il lira indifféremment " *quatre* " ou " *carte* " parce qu'il ne dit ni l'un ni l'autre mais */kat/,* " *grade* " ou " *garde* " parce qu'il dit ne dit ni l'un ni l'autre, mais */gad/*. Dans son expérience linguistique antérieure cela n'est pas si grave puisqu'on le comprend quand même, puisque ni lui ni son interlocuteur n'utilisent ces mots sans contexte ni prosodie. La redondance de l'oral lui facilite la tâche.

Mais lorsqu'il lit, il doit recomposer les paroles d'un autre à partir des indices graphiques. Comme il existe un décalage entre la complexité phonologique du texte et sa propre capacité de structuration phonologique, il fait pour lire ce qu'il fait pour parler : des approximations.

Plus encore, il est incapable de traduire sa pensée en écrivant lui-même. Car, s'il ne sait pas précisément s'il prononce " *quatre* " plutôt que " *carte* " ou " *gratte* " ou " *grade* " ou " *garde* ", comment sélectionnerait-il les signes qu'il doit utiliser pour écrire ?

Quel que soit le système d'écriture, l'enfant s'appuie sur ses compétences linguistiques pour identifier ce qui est représenté dans l'écrit et inférer ce qui ne l'est pas. Celui qui n'y parvient pas doit être guidé et orienté pour le faire. C'est le rôle de l'éducation et, lorsqu'elle échoue, celui de la rééducation.

3
Origines des troubles

Monique Plaza

À la lumière de ce que nous savons aujourd'hui sur l'apprentissage du langage écrit et de ses troubles, la question centrale est donc : pourquoi et comment les enfants dyslexiques ne parviennent-ils pas à automatiser la voie d'assemblage phonographique et à constituer un lexique orthographique fiable ?

La question du pourquoi, qui sous-tend la recherche des causes, reste pour le moment du domaine de l'hypothèse et de la prospective. Nous pouvons seulement apporter des réponses en termes " comment " : mécanismes linguistiques et cognitifs, processus cérébraux et potentiel génétique.

Depuis plusieurs dizaines d'années, diverses hypothèses ont été avancées. Nous ferons ici état de deux hypothèses complémentaires : celle qui se focalise sur les dysfonctionnements affectant certains processus linguistiques (notamment phonologiques, morphologiques et syntaxiques) et celle qui se focalise sur la vitesse du traitement intermodal visuel et phonologique.

Les processus phonologiques

Une hypothèse s'est imposée dans le champ de l'apprentissage de la lecture et de ses dysfonctionnements. Il s'agit de l'hypothèse phonologique, dont nous avons expliqué les soubassements. La langue écrite étant une forme de traduction de la langue orale, elle met nécessairement en œuvre un système de représentations de certaines unités phonologiques de la langue (syllabes et phonèmes) qui ont une contrepartie acoustique et articulatoire. Cependant, les processus phonologiques ne se résument pas à cette capacité de discrimination et de segmentation phonologique. Ils englobent deux autres éléments : la mémoire auditive à court terme et l'accès en mémoire à long terme.

Sensibilité et conscience phonologique

Il faut distinguer deux niveaux dans le système de représentation des unités phonologiques [37].

- **Le 1er niveau** se développe de façon précoce chez l'enfant sur le fondement de sa sensibilité acoustique et articulatoire aux unités phonologiques les plus larges (les syllabes). Cette sensibilité phonologique permet à l'enfant de jouer de façon formelle avec la langue (trouver des mots qui riment avec d'autres mots, identifier des voyelles, couper des mots en syllabes et inverser les morceaux...).

- **Le** 2ème, que l'on appelle souvent conscience phonologique ou traitement métaphonologique, permet la représentation et la manipulation des unités les plus discrètes (les phonèmes). Il se développe en parallèle à l'acquisition du langage écrit. L'enfant peut faire des opérations très compliquées : ajouter, inverser ou retrancher des phonèmes, notamment des consonnes.

Les enfants dyslexiques sont souvent en difficulté dans les tâches phonologiques. Ceux qui ont eu des troubles (même discrets) de langage oral sont parfois incertains pour réaliser des tâches de sensibilité phonologique, qui sont pourtant acquises de façon précoce par les enfants bons lecteurs. Mais la plupart des enfants dyslexiques est surtout en difficulté dans les tâches métaphonologiques qui requièrent une manipulation orale de phonèmes [41, 54, 65, 66, 69].

Les défaillances de la représentation phonologique des unités de la langue ne doivent pas être conçues comme d'ordre purement acoustique. Comme nous le notions dans notre premier chapitre, le phonème est une unité abstraite de la langue qui a une contrepartie acoustique, motrice et articulatoire. Des travaux récents montrent que, dans les troubles dyslexiques, il existerait aussi une intégration insuffisante de ces schèmes de représentation articulatoire de la parole [1, 38, 52, 56, 57]. Les défaillances phonologiques sous-jacentes aux troubles dyslexiques doivent donc être comprises *comme des défaillances d'intégration pluri-modale affectant les diverses enveloppes indissociables du phonème (acoustique, articulatoire et motrice)*.

La mémoire de travail auditive

L'enfant doit être capable de stocker dans une mémoire que l'on appelle " de travail " (une mémoire assez courte qui permet de résoudre des petites opérations transitoires) les unités qu'il a déchiffrées, de les associer, afin de pouvoir accéder au mot. Ainsi, l'enfant doit porter attention aux lettres (éléments visuels), trouver leurs phonèmes correspondants (éléments phonologiques), les associer en suivant certaines règles qui tiennent compte du contexte des autres lettres (*l'association du /a/ et du /n/ se dit " an " dans " manteau ", mais se lit " a/ n " dans " vanille "*), fusionner les syllabes, garder le résultat de ces opérations en mémoire pour accéder à la forme globale, à la représentation orale et au sens du mot.

La mémoire de travail auditive s'appuie sur trois éléments : une unité de stockage court (ce que l'on appelle l'empan mnésique), une boucle articulatoire qui permet de rafraîchir les traces grâce à une répétition sub-vocale (ce que nous faisons quand nous voulons mémoriser un numéro de téléphone ou un code de carte bancaire), et un système d'attention et de contrôle (appelé système exécutif) qui supervise les opérations en gérant l'ensemble des tâches à effectuer [5].

Les enfants dyslexiques présentent souvent des défaillances de la mémoire de travail auditive. Cette difficulté peut concerner l'unité de stockage (l'enfant ne peut alors mémoriser des séries de chiffres ou de mots), la boucle articulatoire (l'enfant ne parvient pas à utiliser la répétition sub-vocale) et le système exécutif (l'enfant est incapable de gérer correctement des tâches multiples et interférentes). Ces défaillances de la mémoire de travail seraient à l'origine des difficultés rencontrées par les enfants dyslexiques pour segmenter les mots, les dénommer, percevoir les transitions phonétiques. La fragilité et la restriction de leurs ressources en mémoire ne leur permettraient pas de réguler le flux des informations qui doivent passer du module phonologique vers les autres processeurs cognitif [7].

La mémoire à long terme

Lorsqu'il est arrivé au bout du déchiffrage, l'enfant doit pouvoir reconnaître le mot correspondant du langage oral. Il lui faut donc pouvoir évoquer le code phonologique de ce mot en le cherchant dans sa mémoire à long terme. On a remarqué que les enfants dyslexiques avaient souvent des difficultés pour accéder au code de mots qu'ils connaissent pourtant bien, lorsqu'on leur demande de dénommer des images ou de trouver des mots qui commencent par un certain phonème. Ces enfants ont un bon vocabulaire, mais le chemin pour retrouver le mot est tortueux, l'accès en est ralenti [71].

La fragilité de l'accès à la mémoire phonologique à long terme a des effets sur la lecture. Le fait de disposer de codes phonologiques rapidement accessibles permet à l'enfant de soutenir son travail de déchiffrement. En effet, après avoir entrepris le travail d'assemblage et de décodage, il peut mieux arriver au point d'identification du mot si son répertoire de mots s'ouvre avec facilité en lui.

Certains enfants dyslexiques ont des difficultés dans ces trois secteurs des processus phonologiques. D'autres n'ont que deux secteurs atteints (le plus souvent, la conscience phonologique et la mémoire de travail phonologique). Mais, en tout état de cause, la plupart des dyslexies de l'enfant mettent effectivement en jeu une défaillance des processus phonologiques. Cela est à lier au fait évident que le langage écrit est un code de correspondance du langage oral. Tout fait de langage est, par nature, phonologique.

Morphologie et syntaxe

La ***syntaxe*** permet de comprendre le sens d'une phrase. Elle s'appuie sur trois éléments essentiels :

- la prise de conscience des frontières de chaque mot,
- la prise en compte de l'ordre des mots,
- la connaissance du statut de chaque mot dans une phrase : article, mot, verbe, pronom, adjectif, préposition, conjonction, adverbe. Pour bien construire sa compétence syntaxique, l'enfant doit donc savoir segmenter toutes ces unités et connaître leurs différentes fonctions.

La ***morphologie***, elle, s'applique aux mots. Si le phonème est la plus petite unité phonologique de la langue, le morphème est la plus petite unité qui véhicule le sens. Le morphème peut être lexical et constituer une unité en soi : ce sont les noms, les adjectifs ou les verbes. Les autres morphèmes sont appelés grammaticaux. Ils peuvent être libres comme les articles, les prépositions, les conjonctions, les pronoms. Ils peuvent être liés et placés à droite d'un morphème lexical comme les affixes qui permettent de marquer le féminin (" *petite* " ou " *verte* ") et le pluriel (" *les oiseaux chantent* ") ou comme les suffixes qui dérivent d'un mot (*le " chocolatier " est au chocolat ce que le " vigneron " est à la vigne*). Ils peuvent être liés et placés à gauche du morphème lexical comme les préfixes qui permettent de " *dé*faire ", ou bien de " *re*nouer ".

Ainsi, dans la phrase " *les maçons reconstruisent la maisonnette verte dans la forêt*", on trouve cinq morphèmes lexicaux (maçon, construire, maison, vert, forêt), quatre morphèmes grammaticaux libres (*les, la, dans, la*), un préfixe verbal (" *re* " devant le verbe construire), trois morphèmes liés (le pluriel " *s* " du nom maçon, le pluriel " *sent* " du verbe construire, le féminin " *e* " de l'adjectif petit), et un suffixe (le diminutif " *ette* " du nom " *maison* "). Cette phrase de neuf mots comprend donc quatorze morphèmes.

Les compétences morphologiques et syntaxiques se développent évidemment de façon exponentielle dès que l'enfant a appris à lire, puisque l'écrit marque de façon claire des éléments qui ne sont pas audibles à l'oral (notamment en français où le pluriel de la plupart des noms et de tous les verbes du premier groupe est silencieux à l'oral). Cependant, des recherches ont montré que si le jeune enfant non encore lecteur a déjà une certaine conscience syntaxique et morphologique, il est aidé au moment d'apprendre à lire car il peut prendre appui sur sa connaissance des différentes unités de la langue pour soutenir son travail de déchiffrement : découpage des phrases en mots, segmentation des mots en petites unités, découverte de similarités entre certains morphèmes. Le traitement et la conscience morphologique pourraient donc expliquer non seulement le niveau de compréhension en lecture, mais également la lecture de mots isolés, c'est-à-dire les capacités primaires de déchiffrement [16, 21, 27].

En contraste, les enfants dyslexiques semblent avoir présenté des difficultés dans l'intégration morphologique et syntaxique précoce de la langue. Des études que nous avons réalisées montrent que les difficultés de langage écrit en fin de CE1 sont prédictibles non seulement par la phonologie, mais également par les capacités morphologiques et syntaxiques évaluées en fin de CP [71].

Sur le plan clinique, ces défaillances morphologiques et syntaxiques se repèrent facilement chez les enfants dyslexiques au niveau de leur orthographe, qui est souvent extrêmement altérée. Mais de telles difficultés se marquent aussi lorsqu'on leur demande de compléter des phrases (en marquant par exemple le pluriel des verbes) ou de produire un récit. Nous avons mené des études sur les capacités narratives d'un groupe d'enfants dyslexiques, invités à raconter une histoire à partir d'un livre d'images. Ces enfants utilisaient moins de mots différents (notamment des conjonctions et des prépositions), ils construisaient moins de propositions complexes sur le plan syntaxique, ils utilisaient moins la flexion des verbes, et ils avaient de ce fait tendance à construire des récits plus courts, plus descriptifs et moins interprétatifs que les enfants bons lecteurs du même âge [67, 68].

L'enfant qui présente une vulnérabilité discrète de ces processus psycholinguistiques (phonologie, morphosyntaxe) peut apprendre à parler et utiliser le langage dans sa vie quotidienne pour des fonctions expressives et communicatives qui lui sont essentielles. Mais, lorsqu'il entre dans l'apprentissage du langage écrit, il se trouve en difficulté : il ne peut mettre en œuvre les mécanismes qui pourraient lui faciliter la mise en correspondance de l'oral et de l'écrit.

Vitesse du traitement intermodal

Lire consiste à mettre en relation un élément visuel (le mot écrit sous forme d'une chaîne de lettres) et un élément verbal (le mot oral avec son code phonologique). Écrire consiste à mettre en relation un élément verbal (le mot prononcé en dictée, ou évoqué) et un élément visuel et graphique (le mot transcrit par l'enfant lettre à lettre). Le mode de relation qui s'établit entre ces deux unités écrites et orales, visuelles et phonologiques, doit être suffisamment rapide pour que l'enfant ne perde pas trop d'informations durant le temps de connexion.

S'appuyant sur l'idée que lire c'est mettre en relation du visuel et du verbal, des chercheurs ont construit des tâches dites de dénomination rapide, qui mettent en jeu des dessins, des couleurs, des chiffres ou des lettres. Des recherches menées sur de grandes populations d'enfants ont montré que les enfants qui devenaient dyslexiques avaient présenté, avant d'apprendre à lire, une lenteur pour accomplir ces tâches. Ce déficit temporel, mis en évidence dans plusieurs langues (anglais, allemand, espagnol, finnois, français), pourrait donc être un marqueur précoce de dyslexie [87].

Sur le plan neuropsychologique, la complexité des tâches de dénomination rapide, et de lecture, est liée au fait que le traitement visuel/orthographique et le traitement auditif/phonologique ne mettent pas en œuvre les mêmes régions cérébrales et ne sont pas complètement synchronisés. Nous traitons l'information auditive et phonologique de façon séquentielle, donc assez lente, alors que nous traitons l'information visuelle d'une manière plus globale, donc plus rapide.

Si, pour diverses raisons, l'intervalle entre le traitement visuel et le traitement verbal s'allonge, les liens entre les lettres et groupes de lettres et les phonèmes s'établissent mal. Il en résulte que le mot écrit (perçu visuellement) et le mot oral (traité sur un mode phonologique) ne parviennent pas à fusionner. Ces difficultés de connexion semblent se produire chez un certain nombre d'enfants dyslexiques, aboutissant à la dégradation des processus qui permettent de déchiffrer les mots écrits. Ces enfants ont des difficultés pour passer rapidement d'un élément à l'autre, ce qui se marque par un allongement de l'intervalle entre les stimuli. Cette lenteur et ce manque de fluidité les gênent considérablement au moment de l'apprentissage du langage écrit, qui requiert une transition très rapide d'un élément à l'autre.

Cette lenteur de dénomination s'explique de plusieurs façons. Elle pourrait être liée à un dysfonctionnement du traitement visuel, l'enfant ne parvenant pas à balayer de façon précise, rapide et organisée la page. Elle pourrait être liée à une inaccessibilité du code phonologique des mots, les enfants parvenant mal à retrouver le nom des stimuli dans leur mémoire. Elle pourrait être liée à une difficulté d'articulation, les enfants ne parvenant pas à trouver rapidement les schèmes moteurs permettant de prononcer les mots. Elle pourrait être liée, enfin, à une lenteur générale de traitement affectant les processus visuels, auditifs et/ou moteurs.

Les chercheurs ont construit des protocoles d'expérience afin d'analyser lequel de ces éléments est en jeu. Les résultats de ces recherches sont différents d'une étude à l'autre, ce qui suggère que les quatre hypothèses restent pertinentes et ce, pour deux raisons principales. D'une part, parce qu'il existe une grande différence entre les enfants dyslexiques. Une hypothèse peut s'imposer lorsque l'on étudie les performances et les défaillances d'un groupe d'enfants, et sembler moins significative lorsque l'on étudie un autre groupe d'enfants. D'autre part, étant donné ce qu'est la lecture, aucune des hypothèses ne peut totalement écarter les autres. En effet, pour dénommer une image ou une couleur, pour lire un chiffre, une lettre ou un mot, nous mettons en activité des aires cérébrales dévolues à la vision, à la mémoire, à la phonologie, à l'articulation des mots, et qui sont (plus ou moins bien) connectées par diverses voies.

La position scientifique la plus ouverte est donc de dire que si assurément les processus phonologiques sont impliqués dans les difficultés de lecture, leur défaillance ne rend pas compte seule de la dyslexie. Nous devons également tenir compte des processus morphosyntaxiques qui facilitent l'apprentissage de l'écrit, et des processus intermodaux visuels/phonologiques qui sont extrêmement sollicités pendant la lecture.

LE CERVEAU DU DYSLEXIQUE. VERS UNE NEUROBIOLOGIE DE LA LECTURE ET DE SES TROUBLES

Michel Habib, praticien hospitalier, responsable du Centre référent Troubles du langage, hôpital de la Timone, Marseille

La dyslexie est devenue en quelques années un thème vedette en neurosciences, pour trois raisons. La plus évidente est qu'après des années de flou conceptuel autour d'explications pédagogiques, psychologiques et environnementales, les scientifiques ont réalisé que les véritables racines des troubles d'apprentissage du dyslexique ne devaient être recherchées nulle part ailleurs que dans le cerveau. Une autre raison se trouve sans doute dans le fait que la dyslexie constitue à l'évidence un modèle idéal des relations entre le cerveau et l'apprentissage. Enfin, cet intérêt pour le sujet a coïncidé avec l'avènement des méthodes modernes d'imagerie cérébrale, notamment fonctionnelle.

Les origines

L'instigateur des travaux modernes sur le cerveau du dyslexique, Norman Geschwind (1926-1984), s'inspira de l'hypothèse d'un trouble de la latéralisation hémisphérique proposée plus d'un demi-siècle auparavant par Samuel Orton.

De nombreuses études ont ensuite documenté l'existence d'une latéralisation fonctionnelle anormale chez le dyslexique, n'apportant la preuve d'une anomalie neurostructurale qu'à la fin des années 70. En 1978, Hier et al. montraient, chez vingt-quatre sujets dyslexiques, un pourcentage anormalement important d'asymétries en faveur de l'hémisphère droit au niveau de la région pariéto-occipitale [47]. En 1979, Galaburda et Kemper [33] présentaient le premier cas d'une série d'études neuropathologiques de cerveaux de dyslexiques, qui comportaient tous deux types d'anomalies : une absence d'asymétrie du Planum temporal et la présence d'anomalies suggérant un défaut de maturation lors de la période post-migratoire du développement cortical.

L'IRM CÉRÉBRALE : UN PÉRISCOPE À LA SURFACE DU CERVEAU

L'Imagerie par résonance magnétique est l'instrument de choix pour explorer la surface du cerveau humain.

L'une des premières études réalisées en IRM a été celle de Hynd, et al., publiée en 1990, qui a confirmé le rôle particulier du Planum temporal dans le trouble fonctionnel du dyslexique [48]. Un résultat similaire a été obtenu en 1990 par Larsen et al, qui ont retrouvé un aspect symétrique chez 70 % des dyslexiques ayant des troubles phonologiques importants, et 30 % seulement des témoins [53].

Plus récemment, en 2000, Heiervang et al, ainsi que Habib et Robichon, n'ont pas retrouvé dans le cerveau des dyslexiques une asymétrie du Planum temporal, mais du Planum pariétal [42, 45]. L'équipe d'Eckert et al., en 2002, a mis en lumière les zones qui diffèrent le plus entre enfants dyslexiques et sujets témoins : il s'agit de la *pars triangularis* de l'aire de Broca gauche (appelée *cap* dans la littérature française) et de l'hémisphère cérébelleux droit [25].

Le corps calleux : un reflet de la connectivité intra-cérébrale et de ses troubles.

Une autre région du cerveau humain qui a fait l'objet d'investigations fructueuses chez le dyslexique est le corps calleux, qui serait de plus grande taille chez le dyslexique, comme l'ont montré en 1998 Robichon et Habib [74]. Cependant, la différence de taille du corps calleux chez des dyslexiques dont la langue maternelle (et parlée exclusivement) est le français ne se retrouve pas chez ceux dont la langue maternelle unique est l'anglais [43].

Des anomalies en dehors du cortex cérébral lui-même

D'autres travaux se sont penchés sur des zones cérébrales plus profondes et moins volontiers impliquées dans la cognition.

L'équipe de Galaburda et Livingstone, en 1993, a constaté la perte sélective d'une partie des neurones du corps genouillé, dont le rôle est crucial dans la transmission des informations sensorielles, en particulier visuelles et auditives [34].

Plus récemment, l'équipe menée par Rod Nicolson a mis en évidence une anomalie spécifique du lobule postérieur du cervelet [59].

Le cerveau du dyslexique possède donc un certain nombre de caractéristiques qui permettent aujourd'hui de le différencier assez nettement d'un cerveau standard.
Mais ces anomalies ou particularités ne peuvent être considérées comme un facteur causal du trouble d'apprentissage. Elles sont tout au plus le témoin d'un trouble de maturation du cerveau.

L'imagerie fonctionnelle du cerveau : un grand pas vers la compréhension des mécanismes de la dyslexie

Imagerie fonctionnelle du cerveau au cours de l'acte de lecture

Trois zones du cerveau sont activées par l'acte de lire.

La première, relativement peu activée, est située dans la région temporale supérieure gauche, dans l'aire de Wernicke (l'aire de la compréhension du langage oral).

La seconde, activée de façon très variable, est située dans la partie postérieure du lobe frontal gauche, en arrière de l'aire de Broca (zone connue pour abriter la représentation motrice des muscles bucco-phonatoires).

La troisième est située dans la région la plus inférieure du cerveau, à la jonction du lobe temporal et du lobe occipital de l'hémisphère gauche (zone semblant dévolue au traitement de la forme visuelle des lettres et des mots).

Imagerie fonctionnelle du cerveau dyslexique

Dans la plupart des cas, comme l'a montré l'équipe de Paulesu, la zone frontale postérieure gauche est plus activée chez le dyslexique que chez le sujet standard, alors que la zone visuelle temporo-occipitale est toujours significativement moins activée chez les dyslexiques et ce, quelle que soit leur langue maternelle [61].

Durant les tâches de conscience phonologique, les sujets normaux activent fortement les aires frontales postérieures de l'articulation, mais aussi une aire pariétale inférieure et l'aire temporale du décodage de la langue orale. Les dyslexiques, eux, activent ces régions de façon dissociée, avec une prédominance du déficit dans la région temporale haute de l'aire de Wernicke.

Du cerveau à la dysfonction : les mécanismes de la dyslexie

Le débat neurobiologique actuel sur la dyslexie peut se résumer en deux axes de réflexion.

- *Le premier* analyse les facteurs qui pourraient empêcher l'apprentissage de la lecture. Deux facteurs ont été envisagés : l'altération d'un certain type d'information visuelle (hypothèse magno-cellulaire) et le déficit phonologique.

- *Le second* concerne la compréhension de la nature même de la dyslexie. Ici, il s'agit de considérer la dyslexie comme un ensemble de symptômes ou un syndrome associant divers troubles. Jusqu'à présent, deux hypothèses se sont avérées capables de rendre compte de ces associations : l'hypothèse temporelle et l'hypothèse cérébelleuse.

L'hypothèse temporelle

Elle a été proposée en 1973 par Paula Tallal, qui a émis l'hypothèse que le cerveau du dyslexique serait spécifiquement incapable de gérer une information caractérisée à la fois par le caractère séquentiel de son contenu et par la brièveté des éléments de cette séquence. Ce déficit serait non spécifique au langage (il affecterait également les sons non-verbaux), et il serait indépendant de la modalité sensorielle, dans la mesure où il s'observe aussi dans des tâches visuelles et sensori-motrices [81].

Au milieu des années 90, la théorie du déficit temporel a fait naître un espoir considérable dans le domaine du traitement des enfants souffrant de troubles du langage. Une méthode d'entraînement intensif a été créée, visant à adapter progressivement le système perceptif des enfants par des exercices quotidiens d'écoute de matériel modifié, dans le sens d'un allongement de la durée du signal (procédé appelé FastForword®).

En 2003, une équipe menée par Temple a présenté une preuve convaincante de l'efficacité de la méthode, et donc indirectement du bien fondé de l'hypothèse temporelle. L'IRM fonctionnelle réalisée après entraînement a montré chez les enfants dyslexiques une normalisation de l'activité cérébrale dans les aires du langage, et même une activation de zones hémisphériques droites qui ne sont pas non activées par les sujets normo-lecteurs, et qui apparaissent comme des zones de suractivité compensatoire [82].

La théorie motrice de la dyslexie : du cortex au cervelet

Le syndrome dyslexie peut associer, aux troubles de la lecture et de l'orthographe, des difficultés au niveau du geste graphique, du geste non graphique (on parle alors de dyspraxie), de l'attention, du calcul (dyscalculie), du repérage temporel (dyschronie). Or, toutes ces manifestations évoquent le rôle du cervelet, qui est connu de longue date pour son rôle moteur, mais qui pourrait être impliqué dans des fonctions cognitives plus générales. C'est ce qu'ont postulé Nicolson et al., ainsi qu'Ivry et Justus, en 2001 [50, 51]. Cependant, le trouble moteur, par exemple la dysgraphie, est fréquent, mais loin d'être constant chez le dyslexique.

Un élément crucial dans ce débat pourrait être la notion postulée par divers auteurs d'un trouble de nature articulatoire dans la dyslexie. Divers travaux avaient, de façon quelque peu isolée, avancé un mécanisme de ce type pour expliquer le trouble phonologique, et même tenter de trouver des solutions thérapeutiques pour la dyslexie [3, 46, 57]. Plusieurs études récentes ont en outre montré dans un grand nombre de cas des anomalies discrètes mais significatives de la qualité de la production verbale chez des enfants dyslexiques [1, 52].

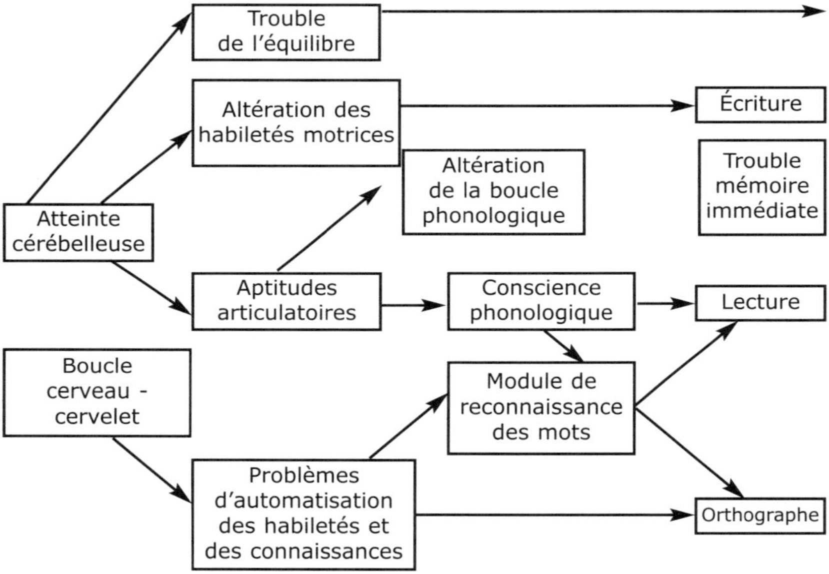

Schéma explicatif des différents symptômes dans la théorie motrice de la dyslexie : la dysfonction est au centre du modèle.

Pour conclure

La seule certitude, pour le moment, est que le cerveau du dyslexique ne fonctionne pas de manière standard, mais bien de manière singulière, et que ce fonctionnement singulier repose sur une organisation anatomique différente de la majorité des individus [41].

GÉNÉTIQUE DES TROUBLES DU LANGAGE ÉCRIT

Bernard Échenne, Chef du Service de neuropédiatrie de l'hôpital Saint-Éloi, Montpellier et François Rivier, praticien hospitalier universitaire hôpital Saint-Éloi, Montpellier

Les facteurs génétiques jouent vraisemblablement un rôle fondamental dans la genèse ou le déterminisme des troubles spécifiques du langage écrit (les dyslexies de développement).

À l'heure actuelle cependant, même si certains gènes concernés ont pu être localisés, aucun n'est encore séquencé, et à quelques exceptions près, on ne connaît pas encore les protéines dont l'anomalie soit susceptible de favoriser l'apparition de ces dysfonctionnements. Mais il est possible que nos connaissances évoluent rapidement dans ce domaine.

Dès 1950, Hallgren et al ont suggéré l'existence d'un support génétique dans les dyslexies [44].

Depuis, de multiples études familiales ont démontré le rôle fondamental des facteurs génétiques. Toutes ces études soulignent en outre le polymorphisme et la complexité de ces facteurs, ce qui n'est guère étonnant quand on connaît la diversité, les variations individuelles, les capacités d'adaptation et la variabilité dans le temps du fonctionnement des différents circuits impliqués dans la lecture.

Malgré cela, l'incidence familiale est estimée correspondre à 35 - 50 % des cas, incidence à notre avis nettement sous-évaluée, comme le laissent envisager les études les plus récentes.

Car à la question fondamentale : " la dyslexie est-elle une maladie génétique ? ", la réponse est oui, dans l'immense majorité des cas.

Pour le démontrer, on peut citer des études déjà anciennes, basées classiquement sur l'analyse des jumeaux mono et dizygotes, et sur des familles très informatives, c'est-à-dire comportant un nombre élevé de sujets dyslexiques.

Les études de jumeaux

Quels que soient le ou les paramètres étudiés, les corrélations ont toujours été plus élevées chez les jumeaux monozygotes, suggérant la prééminence des facteurs génétiques dans l'acquisition des compétences de langage écrit.

C'est le cas par exemple

- des capacités d'orthographe, où l'incidence des facteurs génétiques est présente dans 21 % à 62 % des cas,
- de la lecture des mots isolés (45 %),
- de la compréhension des mots lus (27 %),
- des compétences lexiques globales (27 % à 55 % selon les séries).

L'étude la plus importante, celle de Reynolds et col, en 1996, porte sur 1319 paires de jumeaux (672 monozygotes, 647 dizygotes). Dans 69 % des cas, le taux de concordance suggère que les variations phénotypiques sont liées à des facteurs héréditaires (avec une plus grande variété chez les mâles). Les facteurs environnementaux paraissent n'intervenir que dans 13 % des cas [73].

Mais les progrès les plus importants sont venus de la biologie moléculaire, surtout au cours des dernières années.

Dès 1983, de nombreuses tentatives d'identification de locus de susceptibilité ont été menées. Sans résultat probant initialement, à deux exceptions près :

- L'étude de Lubs en 1988, qui montre un LOD score de 3.24 lors d'une étude de liaison avec les marqueurs du chromosome 15, dans une famille informative, avec trois générations étudiées.

- L'étude de Cardon surtout, en 1994 : sur 114 paires de frères et sœurs, une liaison en 6p21.3 est mise en évidence, de façon statistiquement très significative. Sur 50 paires de jumeaux dizygotes, la même liaison en 6p21.3 est confirmée.

Il a été ensuite confirmé qu'il existait, sur le chromosome 6, un gène candidat. Cela corrobore une hypothèse ancienne émise par Geshwind et Galaburda, qui avaient cliniquement évoqué une relation entre dyslexie, sexe masculin, et susceptibilité aux infections. Or, le gène candidat sur le chromosome 6 est très proche de la partie codante pour le système HLA, principal régulateur du système immunitaire chez l'homme.

Par la suite, l'étude de Grigorenko et col en 1997, permit une avancée très importante. En effet, à partir d'une analyse neuropsychologique très approfondie des sujets étudiés, furent appliquées de larges analyses en biologie moléculaire concernant les régions candidates évoquées jusque-là [39].

Cette étude inclut six familles multiples où ont été analysés : mémoire phonologique, décodage phonologique, tests de dénomination rapide, lecture de mots isolés, quotient intellectuel.

Dix-sept marqueurs ont été utilisés pour analyser la région 6p23p21.3, 11 marqueurs pour la région 15 pter-qter, et 11 marqueurs pour la région 16 pter-qter.

Les résultats enregistrés confirment la liaison au chromosome 6, avec 5 marqueurs très proches les uns des autres.

Les résultats les plus significatifs sont obtenus avec la mémoire phonologique . En revanche, aucune liaison évidente n'a été observée avec la lecture des mots isolés.

Sur le chromosome 15 par contre, les analyses statistiques donnent un LOD score de 3.15 pour le marqueur D15-S143 exclusivement en lecture des mots isolés.

Enfin, toute liaison a été exclue avec les marqueurs étudiés pour ce qui est du chromosome 16.

Cette étude de Grigorenko est intéressante à bien des égards. Elle suggère l'existence de deux loci différents dans deux types différents de fonctionnement cognitif (dont on sait qu'on les retrouve associés chez bon nombre de patients).

Depuis, les études concernant les gènes impliqués dans les dyslexies se sont multipliées. Mais la progression de nos connaissances reste très lente malgré tout. L'extrême complexité des mécanismes physiologiques impliqués fait que la rentabilité de certaines méthodes d'analyse statistique reste faible. La meilleure stratégie - pour l'instant - s'adresse aux familles très informatives, avec une transmission mendélienne évidente (formes autosomiques dominantes), et avec un phénotype relativement homogène

Les données suivantes ont été recueillies ces dernières années :

- liaison avec le chromosome 2 (2p15-p21) d'un gène DYX-3 qui n'est encore ni précisément localisé, ni séquencé.

- Confirmation de liaison avec le chromosome 15q par différentes équipes.

- Confirmation par l'équipe de Grigorenko d'une liaison en 6p dans différents types de dyslexie [40]. Ces résultats ne sont pas retrouvés par d'autres équipes, utilisant pourtant des méthodes quantitatives puis qualitatives, et diverses méthodes d'analyse en biologie moléculaire telles que celle de Petrishen [63]. Cette dernière équipe par contre, lors d'une étude de liaison réalisée chez 96 familles de dyslexiques comportant au moins deux sujets atteints (877 sujets au total), retrouve une liaison très significative, pour différentes techniques, dans les dyslexies dysphonétiques. Cette liaison avec la région 6q concerne la conscience phonologique, l'encodage phonologique, et l'orthographe (région 6q112-q12). Mais là encore, le gène n'est pas séquencé.

Enfin de nouvelles liaisons ont été décrites :

- avec le chromosome 3 à propos de 140 familles où la dyslexie est transmise selon un mode autosomique dominant. Cette liaison concerne la lecture oralisée, la conscience phonologique, la dénomination rapide et la mémoire verbale à court terme.

- avec un locus sur le chromosome 1 mais avec une intrication de ce locus 1p avec le locus 6p pour ce qui concerne la dénomination rapide et le décodage phonologique.

Enfin l'étude la plus complète, portant sur l'ensemble du génome [31], et réalisée sur des familles informatives américaines et britanniques, a montré une liaison très significative pour le marqueur D18 S53 en ce qui concerne la lecture des mots isolés (en 18p11.2). Cette étude est d'autant plus intéressante qu'on retrouve à la fois, chez ces patients, des difficultés d'adressage et d'assemblage. La présence de ce locus en 18p constitue donc un marqueur de risque de dyslexie, impliqué dans différents types de dyslexies.

Pour terminer

On peut s'attendre, dans les années qui viennent, à ce que ces loci, qui ont été localisés, puissent être séquencés ; que leur rôle soit précisé et que les protéines dont ils codent la synthèse soient identifiées.

4
L'ÉVALUATION DES TROUBLES DYSLEXIQUES DYSORTHOGRAPHIQUES

Monique Plaza,
Sylvie Raynaud,
Dominique Chauvin, responsable du département d'orthophonie au Centre référent de l'hôpital Salpétrière (Service du Pr Mazet)

Les parents rapportent parfois que, dès la maternelle, telle ou telle personne leur avait dit que leur enfant était dyslexique. Une telle affirmation est erronée. On ne peut parler de dyslexie avant que l'enfant n'ait au moins deux années d'apprentissage de la lecture et de l'orthographe, c'est-à-dire à partir du troisième trimestre de CE1. Avant cette période, on peut légitimement parler de trouble du langage oral, de difficulté d'apprentissage, ou de retard de langage écrit.

En revanche, il est possible de dépister, à la fin du CP, des enfants en difficulté de langage écrit.

LE BILAN DIAGNOSTIQUE

Dans le cadre de la pratique libérale, le diagnostic de dyslexie repose essentiellement sur le bilan orthophonique qui permet de décider si l'enfant a un trouble du langage écrit, et de l'évaluer. Parfois, cependant, l'orthophoniste et les parents constatent au bout d'un certain temps que le travail de rééducation achoppe sur des difficultés persistantes. Il peut alors être utile de proposer à l'enfant un bilan pluridisciplinaire, réalisable notamment dans le cadre d'un Centre référent sur les troubles du langage.

Le but du bilan pluridisciplinaire est de trois ordres :

- établir le profil cognitif et langagier de l'enfant en définissant ses points forts et ses zones de vulnérabilité
- définir et argumenter des axes de prise en charge
- suivre l'enfant dans son évolution.

Le bilan pluridisciplinaire est mis en œuvre par plusieurs types de praticiens : psychologues et neuropsychologues, orthophonistes, médecins, psychomotriciens. Les psychologues évaluent plutôt les composantes cognitives et émotionnelles, les orthophonistes les composantes langagières, les psychomotriciens les composantes sensorimotrices et neuromotrices, les médecins les corrélats cérébraux et les aspects neurologiques. Chaque praticien fait son propre bilan et son propre compte rendu, et (selon les services) le médecin ou le neuropsychologue réalise une synthèse écrite des différents éléments.

Le bilan pluridisciplinaire proposé aux enfants présentant des troubles spécifiques du langage écrit s'inscrit dans le cadre général de la neuropsychologie. Il a pour objectif d'évaluer les différentes composantes des fonctions cognitives, afin d'identifier les déficits primaires qui sous-tendent le désordre d'apprentissage chez l'enfant. Les travaux scientifiques réalisés ces dernières années ont développé plusieurs hypothèses que nous avons évoquées dans la première partie (processus phonologiques, trouble temporel, troubles de l'attention, troubles de l'accès au lexique, défaillances sensori-motrices, troubles psycholinguistiques). Toutes ces hypothèses doivent être mises à l'épreuve au cours du bilan d'un enfant présentant des troubles du langage écrit.

Des instruments variés (tests, épreuves, batteries composites) sont disponibles pour évaluer les fonctions cognitives, langagières, sensori-motrices. L'évaluation des grandes fonctions cognitives qui relèvent de la neuropsychologie repose pour le moment sur des épreuves éparses. Mais elle sera bientôt facilitée. En effet, une Batterie neuropsychologique pour enfants de 3 à 12 ans 11 mois, la NEPSY, sera éditée en France en septembre 2003.

La consultation est une rencontre qui est précédée par une longue histoire…

Aux premiers moments de la consultation, l'enfant et ses parents sont reçus ensemble afin que soit relatée la trajectoire de l'enfant : l'histoire de sa naissance, de son développement, de ses maladies, de ses succès, de sa scolarité, de ses redoublements, de ses réussites et de ses échecs.

Le recueil de ces éléments est généralement sous-tendu par un questionnement systématique, voire par un questionnaire que l'on demande aux parents de remplir (l'anamnèse). Les parents ont apporté, outre le carnet de santé de l'enfant et certains de ses cahiers d'école, des bilans orthophoniques, des bulletins de scolarité, des comptes rendus d'examen psychologique, qui témoignent de la façon dont les intervenants s'occupant de l'enfant ont compris ses difficultés et ont tenté d'y répondre.

Ce que les parents ont dit à leur enfant pour préparer cette rencontre est important. Certains enfants ne savent pas pourquoi ils viennent, d'autres ne le savent que trop. Le discours des parents n'est pas le même si leur enfant a toujours posé problème (pour parler, dessiner, se soumettre aux contraintes éducatives, accepter l'école...), ou si les difficultés sont apparues brusquement avec l'entrée dans la lecture. Leurs exigences, leur tolérance au trouble de l'enfant, ne sont pas les mêmes s'ils sont passionnés par la lecture ou si eux-mêmes n'investissent pas ce domaine. Ils ne vivent pas les choses de la même façon, s'ils sont eux-mêmes dyslexiques, si un membre de leur famille l'est ou s'ils rencontrent cette pathologie pour la première fois.

Certains parents sont désinformés par rapport à ce trouble, d'autres sont surinformés. Cet excès ou cette absence d'informations influencent le rapport entre l'enfant et sa famille. La dyslexie est-elle devenue la seule façon de définir l'enfant ou bien n'occupe-t-elle qu'une petite place dans l'image que l'on a de lui ? Ces éléments sont aussi importants que ceux traditionnellement donnés par l'anamnèse parce qu'ils inscrivent le trouble dans une dynamique familiale et sociale.

Ensuite l'enfant assume seul le reste des examens. Cette solitude, acceptée par la grande majorité des enfants, gêne certains parents qui souhaiteraient savoir comment cela se passe, qui aimeraient connaître les tests que l'on fait passer à leur enfant. Mais l'expérience montre que, devant ses parents, l'enfant n'a pas la même attitude que lorsqu'il est seul face à un adulte.

Toute évaluation des compétences d'un enfant dans les sphères cognitives est pour lui une mise à l'épreuve. On met l'enfant à l'épreuve en lui proposant des tâches particulières dans des conditions particulières afin de le comparer à une population standard. On met en parallèle différentes tâches ou procédures dont la combinaison construit l'acte de lecture.

Malgré le respect scrupuleux des critères de notation, les résultats peuvent et doivent être interprétés avec précaution. Une épreuve n'est pas réussie avec le même succès selon que c'est la première présentée à l'enfant ou la dernière, selon qu'il est fatigué ou stressé. On a coutume de dire que les épreuves du milieu donnent une image plus proche de la réalité.

Il est évidemment nécessaire de porter tout au long du bilan une attention particulière à l'affectivité de l'enfant, à ses émotions, à sa personnalité : est-il inhibé, angoissé, distrait, réticent, agressif ? Cet élément est important car la prise en compte d'une souffrance ou d'une psychopathologie secondaire chez l'enfant (dépression, troubles de l'estime de soi, ou agressivité) peut amener à conseiller une consultation en psychopathologie de l'enfant.

Les registres évalués durant le bilan

Ils concernent plusieurs domaines : la lecture (la vitesse de lecture, les stratégies d'identification des mots et la compréhension), l'orthographe, le langage oral, les capacités intellectuelles, le style cognitif, les capacités exécutives, l'attention, la mémoire, les processus visuo-spatiaux et les capacités sensori-motrices.

L'ÉVALUATION DE LA LECTURE

Est considéré comme dyslexique un enfant présentant au moins deux années de décalage entre son âge de lecture (âge lexique) et son âge de développement.

Pour répondre à ce critère, il est donc nécessaire d'établir un âge lexique, qui est généralement mesuré en vitesse de lecture. Il s'agit de compter le nombre de mots correctement lus en un temps donné. Certains tests de lecture de mots sont composés de vrais mots disposés en listes que l'enfant doit lire à haute voix le plus vite possible, ou bien composant un texte dépourvu de sens que l'enfant doit également déchiffrer le plus vite possible. Ces épreuves tiennent compte exclusivement de la vitesse et de la correction du déchiffrement.

L'évaluation des mécanismes d'identification des mots permet une approche plus fine des stratégies utilisées par l'enfant. La lecture à haute voix de mots isolés est une épreuve redoutable, mais indispensable. Certains tests permettent d'analyser la façon dont l'enfant déchiffre différents types de mots : les vrais mots fréquents ou rares, simples et complexes, longs et courts, réguliers ou irréguliers, les pseudo-mots simples ou complexes, longs ou courts. La qualité de la réponse de l'enfant est prise en compte, les erreurs qu'il produit et, parfois, le temps qu'il met pour lire les mots. Les scores de l'enfant, qui sont quantifiés, sont comparés aux performances moyennes des enfants du même âge ou du même niveau scolaire que l'enfant.

La lecture silencieuse de mots associés à des images montre les capacités de discrimination visuelle, grapho-phonétique et orthographique de l'enfant. On présente à l'enfant des mots correctement orthographiés, des mots comportant une erreur de lettre (" *palle* " pour " *pelle* "), des mots comportant une erreur sémantique (le mot " *fleur* " écrit sous l'image d'une feuille), ou des mots ne correspondant pas à l'orthographe d'usage (le mot " *mézon* " écrit sous l'image d'une maison). L'enfant doit lire silencieusement les mots, accepter ceux qui sont corrects, rejeter ceux qui sont incorrects et justifier son rejet.

Ce type d'épreuve permet d'analyser la stratégie utilisée par l'enfant : il peut accepter la forme globale du mot sans analyser avec précision les lettres qui le composent, ou bien analyser les lettres, les assembler et se contenter de cette forme sonore.

Mais lire ce n'est pas seulement déchiffrer des mots, c'est aussi ***comprendre des énoncés***. L'analyse des stratégies de compréhension est donc fondamentale.

Elle passe d'abord par la lecture de phrases. On demande à l'enfant de lire silencieusement une phrase inachevée, et de choisir parmi cinq mots celui qui la termine. On peut aussi lui demander de lire silencieusement une phrase et de choisir parmi plusieurs images celle qui lui correspond. Lorsque l'on évalue la lecture de phrases, il est important de savoir si les éventuels troubles de la compréhension constatés sont liés aux difficultés rencontrées avec les mots, s'il s'agit d'une limitation de la mémoire, ou s'il s'agit d'un trouble de compréhension plus général.

La lecture de textes permet de voir comment l'enfant organise les phrases entre elles, comment il en extrait les éléments principaux et les éléments secondaires, comment il classe ces éléments en ordre hiérarchique. On donne à l'enfant un texte en désordre, il doit le lire silencieusement, et soit en ranger les morceaux sous les images correspondantes, soit répondre à des questions sur le texte.

La mise en parallèle des trois paramètres :

vitesse de lecture,
identification des mots et compréhension
donne une image relativement complète et détaillée des compétences en lecture d'un enfant.
Tout désordre dans l'une de ces épreuves est l'indice d'un trouble.
Les épreuves de vitesse de la lecture permettent de déterminer l'importance du trouble.
Les épreuves de stratégies de lecture permettent d'en déterminer le type.
Les épreuves de compréhension permettent d'évaluer les capacités de l'enfant à les compenser.

L'évaluation de l'orthographe

Les épreuves d'orthographe évaluent les dimensions phonétiques, lexicales et grammaticales. Elles permettent aussi d'analyser le graphisme de l'enfant, la tenue du crayon, la crispation des doigts, la régularité ou la dégradation de l'écriture.

Pour analyser l'orthographe phonétique (c'est-à-dire la façon dont l'enfant a intégré les correspondances lettres/sons ou phonèmes/graphèmes), on lui dicte des pseudo mots ou des syllabes sans signification. Comme ces mots ne sont pas inscrits dans sa mémoire, il doit analyser leur contenu phonologique et chercher leurs correspondances graphiques.

Pour analyser l'orthographe lexicale ou d'usage, on peut dicter des mots à l'enfant, ou bien lui demander de compléter des phrases à trous en écrivant les mots manquants tandis que la phrase entière lui est lue. On peut aussi lui demander d'écrire un mot sous une image, sans le lui dicter.

Pour analyser l'orthographe grammaticale, on dicte généralement des phrases et des textes. Ils permettent de voir comment l'enfant découpe les mots, respecte les accords (pluriel, genre), applique des règles grammaticales. Les productions spontanées ou semi-spontanées avec des résumés écrits de textes lus permettent d'examiner des tâches complexes dans lesquelles intervient l'organisation du récit, et pendant lesquelles l'enfant doit gérer conjointement les paramètres phonétiques, lexicaux et syntaxiques.

L'intérêt de ces différents types d'épreuves est de fragmenter l'acte d'écrire afin de comparer chacun des sous-ensembles et de mesurer comment la complexité du système peut saturer les capacités de représentation. Il n'est pas rare, par exemple, qu'un jeune enfant dyslexique réussisse bien une épreuve de dictée de pseudo mots car il n'a que la phonologie à gérer, alors qu'il fait de fréquentes erreurs phonétiques s'il doit gérer en même temps la structure lexicale ou syntaxique. Mais le contraire arrive également. Certains enfants s'appuient avec force sur la structure sémantique pour retrouver la structure phonologique des mots et perdent pied lorsqu'on isole la phonologie. Ces remarques sont capitales pour la compréhension de la dynamique du trouble, et éclairent parfois d'un jour surprenant ce que l'on avait cru déceler dans les tests de lecture.

L'ÉVALUATION DU LANGAGE ORAL

Le langage est une activité extrêmement complexe. Ce qui nous intéresse, lorsque nous testons le langage d'un enfant, ce n'est pas seulement de déterminer s'il est dans les normes de son âge, mais comment il est structuré. Il s'agit de vérifier si le développement linguistique est harmonieux ou dysharmonique.

L'*accès au lexique* (qualité du vocabulaire, finesse de son stock, vitesse pour y recourir) est évalué à travers des épreuves qui utilisent différentes démarches : dénommer un dessin, désigner une image correspondant à un mot, définir un mot, deviner un mot à partir de ses définitions, trouver des mots avec une consigne phonétique (à partir d'une lettre déterminée) ou une consigne sémantique (à partir d'un thème déterminé), dire à toute vitesse des noms d'objets.

La *qualité de compréhension des phrases* est fondamentale : l'enfant se contente-t-il d'un traitement rapide et approximatif (restant à la surface des phrases), ou bien tient-il compte des nuances fines des pronoms personnels, du temps des verbes, analyse-t-il bien la complexité de la syntaxe ? On peut utiliser des épreuves de compréhension mettant en jeu les principales structures syntaxiques de la langue.

La *façon dont l'enfant construit son langage* est importante à évaluer. On peut utiliser différentes épreuves, dont une tâche de récit (l'enfant est invité à raconter une histoire à partir d'une série d'images, ou d'un petit livre d'images. Le récit est enregistré puis analysé). Les façons dont l'enfant accède au lexique, dont il construit sa syntaxe, dont il rend compte des images, dont il respecte la cohésion de l'histoire, dont il fait vivre les personnages, sont des indices importants de son rapport au langage.

L'*évaluation des processus phonologiques* est capitale, dans la mesure où l'on sait que ce domaine est un point faible dans le profil de la majorité des enfants dyslexiques, et qu'il est étroitement lié à leurs difficultés de lecture et d'orthographe.

LES PROCESSUS PHONOLOGIQUES REGROUPENT TROIS DOMAINES

- encodage en mémoire de travail
- accès en mémoire à long terme au code phonologique des mots - conscience phonologique.

Plusieurs épreuves permettent de tester les processus phonologiques. Pour l'encodage phonologique, on fait répéter à l'enfant des pseudo-mots ou des mots rares et difficiles. Pour l'accès au code phonologique des mots en mémoire à long terme, on lui présente des images à dénommer. Pour la conscience phonologique, on demande à l'enfant d'identifier des rimes, de discriminer des sons à l'intérieur des mots, de supprimer ou d'ajouter des sons dans des mots, de jouer avec des syllabes.

Il est également utile d'*analyser la pragmatique du langage*, avec des épreuves de récit spontané, de description d'images, de choix de réponses à des questions s'appliquant à des situations.

Certains tests proposent des grilles d'analyse permettant d'évaluer le caractère informatif et la correction des récits.

L'ÉVALUATION DES CAPACITÉS INTELLECTUELLES

Cette évaluation est réalisée, pour les enfants de 6 à 16 ans, grâce à un test appelé WISC III, qui est une batterie étalonnée et standardisée permettant de calculer un quotient intellectuel, ou QI.

Qu'est-ce que le QI ? C'est le rapport entre le score de l'enfant et son âge. On fait passer des épreuves à l'enfant, on calcule les notes brutes qu'il a obtenues en additionnant ses réussites, puis on se reporte à un tableau pour transformer les notes brutes en notes standard qui dépendent évidemment de l'âge de l'enfant. Quand on dit qu'un test a été étalonné et standardisé, on veut dire que l'on a proposé les épreuves à de très grands groupes d'enfants de tous âges, et que l'on a calculé pour chacun des groupes d'âge les moyennes et les écarts types de chaque épreuve.

Le WISC est composé de deux échelles : une échelle verbale et une échelle performance.

Lors des épreuves verbales, on demande à l'enfant de répondre à des questions d'information (*Information*) et de compréhension (*Compréhension*), de définir des mots (*Vocabulaire*), de trouver la ressemblance entre des notions comme piano et violon (*Similitudes*), de réaliser des opérations de calcul mental (*Arithmétique*), de répéter des séries de chiffres entendus, à l'endroit et à l'envers (*Mémoire des chiffres*).

Lors des épreuves de performance, on demande à l'enfant de réaliser des modèles géométriques avec des cubes (*Cubes*), de trouver les détails manquants dans des images (*Complètement d'images*), de ranger des séries d'images afin de reconstituer une histoire (*Arrangements d'images*), d'assembler des morceaux de puzzles représentant des animaux, des humains ou des objets (*Assemblages d'objets*), de transcrire rapidement des signes sous des chiffres (*Code*), de trouver des itinéraires (*Labyrinthes*). Toutes les épreuves de l'échelle sont chronométrées, ce qui peut pénaliser un enfant lent : plus il a mis de temps pour réaliser ses assemblages, moins il obtient de points. Parfois, il n'obtient aucun point s'il a réussi le modèle mais qu'il l'a terminé hors du temps imparti.

L'échelle verbale sert à calculer le QI verbal, l'échelle performance le QI performance. L'addition des deux permet de calculer le QI global. Parfois, il existe un grand décalage entre les deux échelles, ce qui ne permet pas de mesurer le QI global, alors déclaré non valide. La prise en compte de certaines épreuves permet également de calculer un indice de vitesse de traitement, un indice verbal et un indice d'organisation perceptive. Tous ces éléments servent de repères au psychologue pour interpréter finement le WISC.

Le QI moyen se situe entre 90 et 109.

De 80 à 89, il est " normal faible ".

À partir de 80, il est " limite ",

et il devient signe de " retard mental " en-dessous de 69.

La mesure du QI permet de déterminer si les troubles de la lecture sont spécifiques (l'enfant a dans ce cas des capacités intellectuelles moyennes ou supérieures à la moyenne) ou non spécifiques (les troubles de la lecture sont associés à des difficultés plus globales). La connaissance de cet élément est importante pour le diagnostic des troubles, la prise en charge et l'orientation scolaire de l'enfant. L'analyse des résultats au WISC permet de voir, outre le niveau général d'efficience intellectuelle, comment l'enfant a développé certaines compétences verbales (connaissances, compréhension, conceptualisation) et visuo-spatiales (capacités d'analyse et de synthèse visuelle, de structuration dans l'espace, de sériation temporelle, d'automatisation visuelle et graphique).

Les enfants dyslexiques ont souvent des QI normaux, mais ils peuvent présenter des difficultés à certains subtests du WISC (on a ainsi pu définir un profil ACID, calculé à partir des scores obtenus aux épreuves d'*Arithmétique*, de *Code*, d'*Information* et de *Mémoire des chiffres*).

L'ÉVALUATION DES STRATÉGIES COGNITIVES PRIVILÉGIÉES

Il s'agit de rendre compte des processus cognitifs de l'enfant, de la façon dont il traite les informations. On peut utiliser une batterie psychologique, le K-ABC, qui permet de différencier un mode de traitement séquentiel de l'information, un mode de traitement simultané et de les comparer avec l'échelle des connaissances.

Le traitement séquentiel met en jeu la mémoire à court terme, l'attention, l'analyse, la prise en compte des éléments l'un après l'autre. On demande à l'enfant de répéter des séries de chiffres (*Mémoire des chiffres*) et de mots (*Suites de mots*), de reproduire des séries de gestes (*Mouvements de mains*).

Le traitement simultané est un traitement synthétique qui met en jeu les capacités de conceptualisation, de logique, d'inférence, de classement et de sériation. On demande à l'enfant de reproduire des modèles géométriques avec des triangles bleus et jaunes (*Triangles*), de trouver les similitudes entre des figures géométriques (*Matrices analogiques*), de ranger des séries de photos dans l'ordre pour faire une histoire cohérente (*Séries de photos*), de deviner l'identité d'objets esquissés (*Reconnaissance des formes*), de se souvenir de l'emplacement de dessins qui lui ont été montrés (*Mémoire spatiale*).

Lors des épreuves de l'échelle des connaissances, on demande à l'enfant de reconnaître des lieux et des personnes (*Personnages et lieux connus*), de lire à voix haute des mots (*Lecture et déchiffrement*), de lire silencieusement et de mimer des phrases (*Lecture et compréhension*), de faire des opérations de calcul mental (*Arithmétique*), de deviner des mots à partir de leurs définitions (*Devinettes*).

Comme pour le WISC, les notes moyennes des échelles du K-ABC se situent autour de 100.

Dans la majorité des cas, on note que les enfants présentant un trouble dyslexique et dysorthographique ont un traitement séquentiel défaillant, alors que leur traitement simultané est efficient, voire excellent. Leur échelle des connaissances est souvent un peu faible du fait de leurs difficultés de lecture.

L'ÉVALUATION DE L'ATTENTION ET DES FONCTIONS EXÉCUTIVES

On évalue les capacités d'attention avec plusieurs sortes d'épreuves, qui requièrent différents types de traitement, auditif, visuel, moteur, verbal ou non verbal.

Pour évaluer l'*attention visuelle*, on demande par exemple à l'enfant de barrer sur des pages des figures semblables à une cible : des visages, des lettres, des signes. On chronomètre le temps de traitement, et on compte le nombre de cibles correctement traitées et le nombre d'erreurs (les fausses alarmes).

Pour évaluer l'*attention auditive*, on fait entendre à l'enfant des séries de mots, et on lui demande de réaliser une action seulement lorsqu'il entend un certain mot.

Pour évaluer ses *capacités de concentration*, on lui demande de rester immobile, les yeux fermés, alors qu'on fait entendre différents bruits auxquels il doit rester indifférent.

Pour évaluer ses *capacités d'attention sélective et d'inhibition*, on lui demande de réaliser des gestes contraires à ceux de l'examinateur. On peut également lui demander de dire la couleur des mots au lieu de les lire, alors que leur nom ne correspond pas à leur couleur : par exemple, le mot " *vert* " est écrit en bleu, et l'enfant doit inhiber le mot " *vert* " qui lui vient spontanément aux lèvres pour dire " *bleu* " (*Test de Stroop*).

Pour évaluer ses *capacités d'observation et de planification*, on peut lui demander de réaliser des modèles en déplaçant des boules de différentes couleurs sur des tiges de différentes hauteurs, en respectant un nombre limité de déplacements (*Épreuve de la Tour de Londres*). L'enfant impulsif se précipite sur les boules sans réfléchir, sans compter les coups, et il est obligé de s'y reprendre à plusieurs fois pour reproduire les modèles.

Pour évaluer ses *capacités de concentration, de catégorisation, de flexibilité*, on peut lui donner quatre cartes modèles comportant des figures géométriques, et lui demander de placer toutes les nouvelles cartes qu'on lui donne sous l'une des quatre cartes. L'enfant doit trouver tout seul qu'il existe des critères de classification, les maintenir pendant un certain temps, puis en changer lorsque le praticien le lui signifie (*Épreuve de classement des cartes du Wisconsin*).

Ces tests d'évaluation directe sont complétés par des questionnaires que l'on demande aux parents et aux enseignants de remplir, afin de dépister un éventuel trouble d'attention et une éventuelle hyperactivité de l'enfant (par exemple, on utilise l'échelle de Conners pour parents et enseignants).

Chaque question est cotée de 0 à 3, on les regroupe ensuite par rubrique, on calcule un score pour chaque rubrique, que l'on compare au score moyen des enfants de même âge. Si le score d'hyperactivité est significativement au-dessus de la moyenne, la question d'un traitement pharmacologique peut se poser, traitement dont l'indication et la prescription sont du ressort exclusif du médecin hospitalier.

L'ÉVALUATION DE LA MÉMOIRE

Les capacités de mémoire sont évaluées à travers des épreuves mettant en jeu le canal auditif et le canal visuel, en rappel immédiat et en rappel différé (ce qui permet d'apprécier la qualité du stockage de l'enfant).

Sur le plan auditif, on demande à l'enfant d'apprendre une liste de mots en plusieurs essais, de répéter des phrases de plus en plus longues, de retenir les éléments principaux d'une histoire. On peut également lui demander de faire deux choses simultanément : se souvenir d'une liste de mots alors qu'il doit juger si des phrases sont correctes, ou bien pendant qu'il dénomme des couleurs.

Sur le plan visuel, on lui demande de mémoriser des visages, des dessins, des figures géométriques. Parfois, il doit simplement les reconnaître parmi plusieurs, parfois il doit les dessiner. Certains tests requièrent la copie d'une figure complexe, ou d'une série de figures, puis leur reproduction de mémoire.

Certaines épreuves sont à la fois visuelles et auditives. Ainsi, dans l'épreuve " *Mémoire des prénoms* " de la NEPSY, l'enfant apprend à associer des visages d'enfants (stimuli visuels) et des prénoms (stimuli verbaux).

Toutes ces épreuves permettent d'analyser l'organisation de la mémoire de l'enfant, le canal qu'il privilégie éventuellement, les domaines qui lui posent le plus de problèmes.

L'ÉVALUATION DU TRAITEMENT VISUO-SPATIAL

Le psychologue qui a analysé les résultats du WISC et/ou du K-ABC de l'enfant dispose déjà d'éléments sur les capacités visuo-spatiales de l'enfant. Il peut les compléter par des épreuves de copie de figures, d'orientation visuelle, de construction de cubes.

D'une manière générale, les enfants dyslexiques ont un bon traitement visuo-spatial, qui est l'un de leurs points forts.

L'ÉVALUATION DES FONCTIONS SENSORI-MOTRICES

Le neuropsychologue peut évaluer la façon dont l'enfant maîtrise un certain nombre de fonctions sensori-motrices au niveau de la main. On demande à l'enfant de réaliser des séquences rapides de gestes rythmiques, d'imiter des positions de la main, de répéter des séquences de gestes complexes, de suivre des tracés avec un crayon (précision visuo-motrice), d'identifier quels doigts on lui touche derrière un écran. Le constat de difficultés sensori-motrices doit amener à recommander un bilan psychomoteur approfondi.

Après la consultation : le temps de la synthèse

Tous les éléments recueillis durant la consultation sont confrontés les uns aux autres et synthétisés. Les troubles de lecture et d'orthographe de l'enfant prennent ainsi sens et forme dans un contexte cognitif et psychologique global. L'évaluation des troubles du langage écrit est une démarche conceptuelle. Elle suppose que l'on ait toujours à l'esprit que les modes de représentation et d'action sont reliés entre eux. Lire correspond à un très haut niveau de représentation. C'est donc un acte qui inclut un grand nombre de composantes : représentation de formes visuelles, auditives, gestuelles, mais aussi établissement de réseaux sémantiques, maîtrise de la symbolisation, gestion des émotions, mise en œuvre de la mémoire, de l'attention.

À partir de cette synthèse, un compte rendu détaillé et lisible est rédigé, énonçant les tests utilisés, rendant compte des différentes fonctions évaluées, des scores de l'enfant aux épreuves, de ses points faibles et de ses points forts, et suggérant des axes de prise en charge.

Les résultats chiffrés et analysés du bilan qui sont remis à la famille doivent être expliqués à l'enfant. Ils peuvent être transmis, avec l'accord des parents, aux praticiens qui s'occupent de l'enfant (médecin, orthophoniste, psychologue).

La transmission est soumise aux règles déontologiques du secret professionnel.

Ce compte rendu n'est pas transmis à l'école. La plupart du temps, il est souhaitable que l'école soit informée avec précision des difficultés de l'enfant. C'est à la famille de le faire.

Disons pour conclure qu'une bonne évaluation a toujours en point de mire... une réévaluation. Il est capital de pouvoir suivre les enfants pour refaire le point, de ré-analyser leurs compétences et leurs difficultés, afin de mieux préciser et réajuster le programme pédagogique et orthophonique.

Évolutivité des troubles et parcours des sujets dyslexiques

Renée Cheminal,
Sylvie Crépin, orthophoniste

Questions préalables

À quoi sert le langage écrit ?

La réponse peut paraître simple : le langage écrit est un outil de communication et l'objectif de toute prise en charge est de restaurer cette fonction de communication dans ses deux versants : réceptif (compréhension du message écrit) et expressif (transmission d'un message intelligible pour le lecteur) en tenant compte du type de message.

La notion de classification peut-elle être remise en question ?

Le suivi longitudinal d'un certain nombre de dossiers fait apparaître une évolution du type de dyslexie en fonction des voies de lecture utilisées ou défaillantes, mais aussi de l'âge du sujet, des moyens de compensation, du niveau scolaire (phase d'apprentissage de la lecture ou phase où la lecture automatisée devient un outil performant pour l'enfant normo-lecteur), et des techniques de rééducation.

Les classifications reposent essentiellement sur le postulat qu'il existe des formes différentes de dyslexie correspondant aux deux voies de lecture qui sont utilisées simultanément par le sujet normo-lecteur. L'analyse des erreurs est un élément essentiel pour permettre de typer la dyslexie. Or, notre impression est qu'il n'existe qu'un seul type de dyslexie et que les erreurs sont fonction des moyens de compensation et du niveau d'apprentissage (lecture axée sur le décodage ou au contraire sur la recherche de sens), de la richesse du vocabulaire, de l'impulsivité de l'enfant, de sa personnalité et de son rapport au langage écrit.

Qu'est ce qu'un handicap ?

Il paraît important de rappeler l'origine de ce terme souvent perçu comme péjoratif. Historiquement, le terme vient des champs de course et signifie textuellement en anglais: " hand in cap ", en français : " la main dans le chapeau ". Handicaper un concurrent, c'est diminuer ses chances de succès en le chargeant au départ d'un poids supplémentaire, ou en l'obligeant à parcourir une distance plus longue. Le but de l'opération étant, en handicapant les plus forts, d'égaliser les chances de tous les partants. Si les handicaps sont bien répartis, le résultat de la course devient si incertain que pour parier, il est aussi simple de mettre les noms des chevaux sur des petits papiers dans un chapeau, et d'y puiser, à la main, le nom d'un possible vainqueur.

Dans cette terminologie de course, la reconnaissance du handicap permet une égalisation des chances. L'acceptation de la notion de handicap, en permettant un certain nombre d'aménagements prévus par la loi, évite l'évolution vers une inadaptation sociale. Par ailleurs, il est clair que le handicap correspond à une gêne dans l'intégration scolaire et sociale, et dépend donc, non seulement de la sévérité de la pathologie, mais aussi de l'importance des exigences scolaires et sociales et des capacités d'adaptation de chaque enfant. Les aménagements et les aides proposés doivent donc tenir compte de l'ensemble de ces paramètres.

L'objectif des prises en charge est d'aider chaque enfant dyslexique à réaliser son potentiel de développement. Cela implique de tenir compte du type de dyslexie, de l'âge de l'enfant, de l'adolescent ou de l'adulte, des objectifs scolaires ou professionnels.

LE PARCOURS DES SUJETS DYSLEXIQUES AVEC UNE FORME CLASSIQUE

Nous envisagerons ici la description des différents parcours que peut suivre un enfant dyslexique en fonction de la sévérité de sa dyslexie, de son niveau scolaire et des possibilités d'aménagements que l'on peut lui proposer.

Au moment de l'apprentissage de la lecture

C'est un enfant que l'on nous amène en consultation parce que son comportement vis-à-vis de l'apprentissage de la lecture semble " anormal " soit à son enseignant, soit à ses parents, soit aux deux.

L'ANALYSE DES ANTÉCÉDENTS FAIT SOUVENT APPARAÎTRE UN CERTAIN NOMBRE D'ÉLÉMENTS :

- décalage dans l'acquisition du langage oral ;
- difficultés en lecture ou en orthographe chez l'un des parents, en général le père, parfois les deux, mais " *à l'époque les instituteurs nous disaient de faire attention et on ne parlait pas de dyslexie* " ;
- dyslexie connue chez l'un des frères ou sœurs aînées.

Parfois l'enseignant a conseillé de consulter un orthophoniste en raison des difficultés d'accès au langage écrit. Parfois, au contraire, en classe, l'enfant ne se démarque pas trop des autres, il arrive à donner le change : il se débrouille pour ne pas être interrogé le premier, et s'appuie sur ce que les élèves précédents ont lu pour répondre à peu près correctement. Les parents, au moment des devoirs, ont l'impression de difficultés énormes dès que l'on sort de ce qui est strictement à lire ; ils vont voir l'enseignant qui les rassure.

Lorsqu'on les interroge, les parents remarquent que cet enfant n'a pas le comportement d'entraînement spontané à la lecture des autres enfants du même âge. En effet, dès le début de l'apprentissage du langage écrit, les élèves de CP qui ont perçu le rôle social du langage écrit vont utiliser leurs connaissances pour essayer de décoder tout écrit qu'ils ont sous les yeux : menu de restaurant, étiquettes de boîtes de conserve, grands titres des journaux, ils vont relire les histoires qu'on leur racontait. Cela n'est pas le cas des futurs dyslexiques.

Que proposer ?

D'abord analyser ce qui se passe pendant la consultation. L'interrogatoire des parents apporte des renseignements précieux, l'analyse des cahiers de classe et des documents confiés par les différents professionnels qui entourent l'enfant également.

Après cette prise de contact, on s'adresse directement à l'enfant et on propose une épreuve de langage oral, qui permet de donner aux parents des résultats chiffrés par rapport à une norme. Nous choisissons le domaine où l'enfant paraît le plus performant. Cela permet de donner des repères à des parents souvent perdus, et aussi de montrer, en dédramatisant, ce qu'est un test. Puis nous essayons d'apprécier le comportement de l'enfant vis-à-vis du langage écrit. Comme c'est un enfant de CP en difficulté ou en échec, les tests standardisés sont difficiles pour lui. On peut utiliser son manuel de lecture, composer des phrases à partir des mots qu'il connaît sur l'ordinateur.

Le bilan neuropsychologique qui est réalisé ensuite met en général en évidence à ce stade des compétences non verbales normales, des troubles de l'évocation des mots, des difficultés d'accès à la métaphonologie, des difficultés à créer un lien stable entre un son et un signe graphique.

Ce temps de consultation ne permet pas d'affirmer un trouble spécifique du langage écrit mais de constater les difficultés, le retentissement sur les apprentissages scolaires et de donner des conseils de guidance aux parents.

Guidance parentale

Elle peut et doit être commencée pendant ce temps de consultation. Les parents ne sont ni des enseignants ni des rééducateurs. Leur rôle est d'aider leur enfant à s'approprier les apprentissages pour les utiliser. Dès qu'il s'agit d'apprentissages scolaires, les enjeux sont tels que les parents bien souvent n'arrivent plus à se situer en temps que parents. Le rôle de la guidance n'est pas de leur donner des devoirs de parents, mais de les aider à se poser des questions sur le comportement qu'ils auraient devant d'autres apprentissages. Quand il s'agit de domaines sportifs, artistiques, les parents percevant les difficultés vécues par leur enfant diminuent le niveau d'exigence pour lui permettre de maîtriser une étape inférieure avant de passer à l'étape supérieure. Ils sont aussi conscients de la nécessité d'un entraînement et de répétitions. Il nous paraît important, après avoir défini ce qu'est un trouble du langage écrit, de donner des exemples concrets pour aider ces parents en difficulté à se représenter leur rôle dans cette étape.

Nous leur montrons, par exemple, l'intérêt de relire des livres déjà connus parfois à la virgule près avant l'apprentissage de la lecture. Les parents ont peur, à juste titre, des contresens en lecture silencieuse. Relire des livres dont un enfant connaît le sens évite ces erreurs. Mais ce n'est pas une méthode globale d'apprentissage. Il faut montrer aux parents comment leur enfant bute sur des mots qui leur paraissent simples et comment il est moins en difficulté si ce mot a été rencontré plus souvent. Il faut leur montrer que cette aide indispensable ne doit pas être un combat et qu'en aucun cas elle ne se substitue au travail de l'orthophoniste ou de l'enseignant.

Ce temps permet d'expliquer aux parents comment l'enfant lit, quels sont les mécanismes en cause, d'analyser avec eux les erreurs, de pointer celles qui témoignent d'un début d'autonomisation de la lecture, et de les aider à trouver seuls des solutions quand ils se retrouvent le soir devant des devoirs avec un enfant lent et découragé.

Après avoir avancé le diagnostic, il nous faut discuter avec les enseignants. Si à ce stade peu d'adaptations sont nécessaires, il importe en revanche d'expliquer le fonctionnement cognitif de l'enfant afin qu'il ne soit pas pénalisé. Dans certains cas plus sévères un contrat d'intégration va être proposé.

Deux ans plus tard au moment de la phase de consolidation des apprentissages

Le diagnostic est certain. L'enfant rééduqué a fait des progrès : il est scolarisé en CE1-CE2, il déchiffre ou il décode mais persistent des problèmes. Parfois l'orthophoniste dit qu'elle ne peut plus rien faire pour cet enfant, les enseignants écrivent " peut mieux faire ", " applique- toi " , " attention à l'orthographe ".

L'analyse des cahiers montre qu'il est bon en mathématiques, mauvais en français et surtout " nul ou presque nul" en orthographe. Le bilan psychométrique confirme la normalité des capacités intellectuelles, avec le plus souvent des meilleurs résultats dans le domaine performance.

Cette période est souvent la plus facile chez un enfant dyslexique diagnostiqué suffisamment tôt, bien pris en charge : la lecture et l'écriture sont des exercices auxquels il a été correctement entraîné par une rééducation bien faite, les difficultés sont tolérées par des parents et des enseignants attentifs.

Il est parfois important de demander aux enseignants de réaliser les évaluations organisées en début de CE2 en tenant compte des adaptations prévues pour les examens : temps supplémentaire et droit de dicter à un secrétaire. Le secrétaire peut être l'ASSEM ou un autre membre du personnel scolaire. Il s'agit à ce stade d'objectiver le niveau des connaissances d'un enfant et non d'évaluer l'outil dont il dispose pour exprimer ses connaissances.

Trois ou quatre ans plus tard

À ce stade, " l'outil langage écrit " est suffisamment performant pour être utilisé et le handicap se majore quand on demande à l'enfant de comprendre des énoncés et des textes plus difficiles, de s'exprimer par écrit. L'attention ne se porte plus seulement sur l'orthographe et le graphisme, mais sur l'expression des idées. À ce moment-là, il connaît parfaitement les règles d'orthographe, mais il ne les utilise pas. On lui dit de faire des efforts, alors qu'il en fait beaucoup. On assiste à une phase de découragement, voire de dépression.

Les bilans de langage oral montrent la persistance de difficultés dans le domaine de la métaphonologie et de l'évocation des mots, et des difficultés majorées dans le domaine de la formulation. L'analyse du langage écrit montre une progression intéressante dans la compréhension en lecture silencieuse, mais avec une lenteur évidente. La lecture oralisée stagne.

La guidance parentale

Elle est fondamentale : les parents voient à nouveau poindre des difficultés. Ils ont passé des soirées à apprendre avec leur enfant des listes de mots, mais le lendemain l'enfant a oublié. Même en copie il est mauvais, il n'arrive pas à noter ses devoirs, pourtant le bilan orthophonique constate des progrès.

Il est important de montrer que les progrès, pourtant réels, sont insuffisants pour répondre à l'accroissement de la demande scolaire. Il faudra montrer aux parents, en utilisant par exemple des listes de mots irréguliers, comment l'enfant dyslexique peut être gêné dans la lecture de mots lorsqu'ils sont présentés isolément, alors qu'il les reconnaît dans un contexte de phrase. La mémoire de l'orthographe est insuffisante pour que, en situation d'expression écrite, l'enfant puisse programmer correctement le choix des lettres successives.

On montrera également comment l'enfant relit ce qu'il a pensé et non ce qu'il a écrit, comment le graphisme n'est pas uniquement de la motricité fine mais aussi de la programmation d'une lettre, et on montrera à nouveau le rôle de l'ordinateur comme un outil performant de communication écrite.

Le contact avec les enseignants

Il est indispensable, pour expliquer les difficultés de ces élèves, de commencer à mettre en place des aménagements et à préparer des adaptations ultérieures. Cela peut se faire de manière informelle ou bien, si cela est nécessaire, de manière formalisée par le biais d'un contrat d'intégration ou d'un P.A.I. (projet d'accueil individualisé). Ces dispositifs permettent à l'équipe enseignante, aux parents et aux professionnels des équipes médicales et para-médicales, de se rencontrer régulièrement et de travailler sur des bases communes, en faveur de l'autonomisation progressive de l'enfant.

Au collège puis au lycée

À ce stade, le vécu scolaire est souvent douloureux, la rééducation orthophonique a, la plupart du temps, été longue et l'enfant parvient parfois à une certaine saturation si les méthodes rééducatives ne sont pas adaptées à son âge, à ses préoccupations d'adolescent et à son rythme d'apprentissage.

Il n'est plus au stade des apprentissages automatisés, mais il va devoir développer peu à peu des stratégies de compensation dans lesquelles la compréhension fine et précise de la lecture devient une priorité, alors que la qualité de l'orthographe ne progresse que très peu.

Ses aptitudes cognitives globales se sont améliorées, mais il conserve souvent des difficultés de mémorisation, de restitution des leçons apprises oralement, d'attention, parfois de graphisme. Dans tous les cas, le collège est pour lui la mise à l'épreuve d'un rythme de travail accéléré, de prises de notes rapides, d'un mode d'expression et de communication de ses connaissances presque essentiellement basé sur l'écrit.

Le travail avec les enseignants

À ce stade c'est la priorité : il est important que les adolescents dyslexiques, comme tous les ados, puissent exprimer leurs conflits avec leurs parents. La rééducation ne doit pas surcharger l'emploi du temps d'élèves souvent plus lents, doit faciliter l'autonomie dans la communication écrite. Les adaptations pédagogiques sont donc fondamentales.

Un certain nombre d'adaptations au quotidien peuvent leur être proposées dans la plupart des matières. Loin d'être des principes absolus ou des garants infaillibles de la réussite de l'enfant, ces moyens de facilitation sont davantage tirés du bon sens et paraissent un tant soit peu évidents dès lors que l'on tente de se mettre à la place de l'enfant dyslexique en situation d'apprentissage scolaire. Le principe n'est pas de demander moins à l'enfant mais de lui demander autrement ; non de réduire les exigences mais de cibler le fond plus que la forme ; non de lui faire un programme à part mais d'adapter la demande à son handicap.

PRINCIPALES DIFFICULTÉS DE L'ADOLESCENT DYSLEXIQUE

- il est lent et inorganisé : on peut l'aider à gérer son temps ;
- ses difficultés de prise de notes gênent ses apprentissages : on peut l'aider à mieux organiser ses cours ;
- on peut l'aider à compenser ses difficultés de compréhension ;
- on peut l'aider à communiquer ses connaissances.

GÉRER LE TEMPS a toujours été pour lui une tâche difficile et au collège (a fortiori au lycée), tout s'accélère. Lenteur dans le travail, manque d'organisation, de planification des tâches, difficultés à dissocier l'essentiel du secondaire... font qu'il a besoin de temps pour apprendre, retenir, organiser ses idées, structurer son raisonnement, restituer ses acquis.

Aux examens (brevet, bac...) un tiers temps supplémentaire lui sera accordé pour la passation des épreuves écrites. Il paraît logique de l'habituer dès la 6ème à travailler en fonction de ce temps supplémentaire. Si l'organisation horaire des cours ne permet pas d'accorder un tiers temps supplémentaire, on peut prendre ses brouillons en compte lorsqu'il n'a pas eu le temps de les recopier.

MIEUX ORGANISER SES COURS est fondamental pour apprendre, comprendre, retenir et structurer ses connaissances : les difficultés de prise de notes rapide sont en général importantes, les cours sont partiels, peu structurés, on y distingue peu l'essentiel de l'anecdotique, l'enfant ne parvient parfois pas à se relire. La prise de notes lui demande en général beaucoup de temps et d'énergie pour un résultat peu utilisable. Mieux vaut souvent laisser l'enfant suivre le cours sur le livre ou sur un polycopié (certaines expériences en collège d'utilisation d'un double livre que l'enfant peut surligner et utiliser comme base de cours s'avèrent particulièrement positives). Dans d'autres cas, l'enfant pourra utiliser la photocopie d'un cours écrit lisiblement par un camarade.

COMPENSER SES DIFFICULTÉS DE COMPRÉHENSION est pour lui une tâche quotidienne dès lors que tous les supports de cours et de contrôle des connaissances sont écrits. Si la lecture de textes est à peu près correcte, l'enfant garde souvent des difficultés pour aller chercher des informations précises et surtout pour interpréter sans contresens les questions et énoncés courts dans lesquels chaque mot revêt une importance capitale.

Si l'on ne peut lui lire à haute voix les énoncés, on peut s'assurer que la compréhension de la question n'est pas un obstacle à la réponse. Un voisin peut être autorisé à lui lire l'énoncé ou la question, on peut également lui laisser du temps pour relire, comprendre, puis lui demander de reformuler la question dans ses propres termes. De même, si la longueur des textes étudiés en classe et à lire à la maison est trop importante, on peut lui demander de lire par séquences plus courtes (à l'échelle du chapitre, par exemple) afin de s'assurer qu'il a compris, et ne pas le décourager dans son effort de lecture.

Il est parfois intéressant de lui demander de supprimer les mots qui ne sont pas indispensables dans une phrase plutôt que de souligner les mots les plus importants.

APPRENDRE À MIEUX COMMUNIQUER SES CONNAISSANCES restera le plus souvent la difficulté majeure ressentie par les adolescents et jeunes adultes, y compris par ceux qui poursuivront des études. Deux aspects posent ici problème : la forme et le fond. Pour ce qui est de la forme, il est important de travailler dès la 6ème dans l'objectif du brevet et d'entraîner l'enfant à la " dictée à trous " dont il pourra bénéficier aux examens.

Dès lors, on admet que sanctionner les erreurs d'orthographe devient inutile. On pourra donc ne comptabiliser dans la moyenne que les dictées " à trous " afin de donner un aperçu plus juste des progrès que l'enfant doit encore réaliser. De même, ne pas sanctionner les erreurs d'orthographe permettra à l'enfant dans tous ses devoirs écrits de se consacrer à améliorer la structuration de son texte et l'organisation de l'argumentation. Pour ce qui est du contrôle rapide des connaissances, on peut lui demander de réciter oralement ses leçons, le noter sur sa participation orale.

Pour les enfants dont les écrits sont peu lisibles, il est possible de leur donner du temps et de les laisser utiliser un ordinateur afin de rédiger leurs devoirs en classe. L'ordinateur, souvent inutilisable pour la prise de notes, est d'un grand secours pour les enfants qui parviennent à manipuler le clavier et à utiliser les correcteurs d'orthographe et de grammaire.

Au moment des études universitaires ou à l'âge adulte

Apparaissent alors des difficultés d'orthographe, une gêne dans la compréhension des textes écrits.

Pour cette jeune fille parvenue en terminale, le diagnostic de dyslexie a été reconnu dès le début de la scolarité. CB a progressé grâce à un travail intensif, une rééducation bien conduite, des aménagements adaptés. Voici ce qu'elle écrit à l'approche du bac : " *Je souet avoir un ordinateur pour médait dans la Présentation et a corijai des plus grosse fauet d'orthographe. car en Français, Histoir-geographie et lanné prochene en Philo mon ecriture et la formation de mes letre me penalise dans la lecture de mes cours* ".

Elle a précisément passé les épreuves du baccalauréat sur ordinateur et elle a obtenu 11,66 de moyenne.

CB souhaite passer le concours de l'école d'infirmières. On notera que l'une des écoles accepte pour elle tous les aménagements, une autre n'admet aucun aménagement, une troisième accepte une partie des aménagements.

LE PARCOURS DES FORMES MINEURES ET DES DYSORTHOGRAPHIES APPAREMMENT ISOLÉES

Nous voyons actuellement de plus en plus souvent en consultation une population d'adolescents et parfois d'adultes jeunes demandant un tiers temps supplémentaire pour un examen. Parfois, il s'agit d'adultes se sentant pénalisés par leurs difficultés et leur maladresse pour s'exprimer par écrit, et qui viennent demander s'il est encore possible de les aider.

Leur histoire est souvent stéréotypée : ils ont appris à lire sans difficulté majeure, mais parfois plus lentement que leurs frères et sœurs, ils avaient un bon niveau de langage oral, ils étaient nettement meilleurs en maths qu'en français, faisaient un certain nombre de fautes d'orthographe que l'on attribuait à de l'étourderie ou de l'inattention. Progressivement, ils ont été gênés en mathématiques par la lecture des énoncés ou par les calculs numériques, et en français des difficultés sont apparues en expression écrite, ont persisté en orthographe.

LE BILAN RÉALISÉ DANS CETTE POPULATION EST ÉGALEMENT STÉRÉOTYPÉ :

QI Performance normal fort ou moyen en général, supérieur au QI Verbal moyen,
niveau de lecture oralisée décalé de 2 à 5 ans en fonction des cas, mais avec un déchiffrage correct, qui fait dire à certains orthophonistes que ces adolescents ne sont pas dyslexiques.

La compréhension est correcte en lecture silencieuse mais au prix d'une certaine lenteur ; l'orthographe est catastrophique ; la syntaxe, laborieuse, augmente l'inintelligibilité des devoirs écrits de ces adolescents.

S'AGIT-IL DONC BIEN DE DYSLEXIQUES ?

La réponse est affirmative : si l'on utilise les critères donnés par les définitions internationales, le retard en lecture est supérieur à deux ans par rapport à l'âge chronologique, et le trouble interfère effectivement avec la réussite scolaire attendue en fonction des capacités intellectuelles de ces élèves. Par ailleurs, le suivi longitudinal de plusieurs dossiers nous a permis de confirmer qu'il s'agissait de l'évolution classique d'enfants dyslexiques.

EXISTE-T-IL DES MARQUEURS PERMETTANT D'ÉVOQUER UN TROUBLE SPÉCIFIQUE DANS UNE COPIE REMPLIE DE FAUTES D'ORTHOGRAPHE ?

Pour répondre à la deuxième question, il nous a semblé indispensable de dégager un certain nombre de critères orthographiques et syntaxiques caractéristiques des productions des élèves dyslexiques. Nous avons proposé des épreuves d'orthographe et de syntaxe à des élèves dyslexiques et à des enfants et adolescents sans problèmes scolarisés en CM2, 5ème, et 3ème. En comparant les productions des uns et des autres, nous avons constaté que, dans la population des normo-lecteurs, les majuscules en position aberrante dans la phrase et les ratures sont exceptionnelles, et que les fautes d'accent diminuent avec l'âge. En revanche, le pourcentage d'erreurs de ce type est significativement plus élevé dans la production des élèves dyslexiques, et ce, quel que soit l'âge. On relève également des défaillances syntaxiques et des phrases anormalement longues et mal construites qui n'existent pas dans la population témoin.

LE PARCOURS DES SUJETS DYSLEXIQUES AVEC DES FORMES SÉVÈRES

Plus rares, ces formes sévères posent plus des problèmes de prise en charge que de diagnostic. Elles ne concernent qu'un faible pourcentage d'enfants qui n'accèdent pas au langage écrit malgré une scolarité adaptée et une rééducation correcte.

Ces formes exceptionnelles réalisent de véritables *alexies* au sens d'absence de lecture et non de perte du langage écrit. Le bilan neuropsychologique permettra de vérifier la normalité des capacités intellectuelles, s'attachera à chercher des facteurs associés cognitifs ou psychologiques aggravant les difficultés. C'est dans ces formes sévères que l'on rencontre les atteintes mixtes.

Nous classerons parmi ces formes sévères des formes classiques non diagnostiquées, reconnues après plusieurs années d'échec scolaire. Dans ces cas là, la rééducation entreprise trop tardivement ne permet pas de compenser les lacunes accumulées ni la souffrance vécue parfois depuis des années par l'enfant et sa famille. La reconnaissance officielle des troubles spécifiques du langage devrait conduire à la disparition de ces formes.

LE PARCOURS DES SUJETS DYSLEXIQUES AVEC TROUBLES ASSOCIÉS

Certaines autres difficultés neuropsychologiques sont associées de manière très fréquente à la dyslexie, ce qui justifie un complément de prise en charge ou une adaptation de la rééducation.

TROUBLES DU LANGAGE ORAL

Certains font partie du tableau clinique : difficultés dans les domaines de la conscience métaphonologique, de la dénomination et de l'accès rapide au lexique. Ces problèmes spécifiques ont été détaillés par ailleurs. Il existe également des difficultés expressives, notamment dans l'utilisation de la syntaxe.

TROUBLES DE L'ATTENTION

Dans notre population, ils sont associés dans 50 % des cas à la dyslexie. Il s'agit le plus souvent de troubles de l'attention sans hyperactivité. Ces déficits, parfois peu sévères, mais présents chez des enfants qui ont besoin de plus d'attention que d'autres pour comprendre le langage écrit ou pour s'exprimer par écrit, peuvent être améliorés par de petites doses de méthylphénidate. Il est bien évident qu'une telle prescription doit être envisagée au cas par cas.

Troubles graphiques

Ils sont très fréquents. Les mécanismes sont probablement multiples et insuffisamment analysés : certains rééducateurs évoquent un geste graphomoteur maladroit et des difficultés d'ordre visuospatial. Nous avons l'impression que la difficulté qu'ont les dyslexiques à créer un lien stable entre un signe et un son gêne la programmation du geste graphique, d'où des lettres mal formées lorsqu'il s'agit de transcrire des sons proches, intermédiaires entre un " o " et un " a " par exemple. D'où parfois le choix de l'écriture en script, plus proche de l'écriture d'imprimerie. Si cette hypothèse est vérifiée, elle fournit un argument supplémentaire pour proposer l'utilisation de l'ordinateur en vue de laisser une trace écrite au lieu d'ajouter, aux séances de rééducation orthophonique et au travail scolaire, des séances de psychomotricité.

Difficultés intellectuelles

La déficience mentale est un critère d'exclusion pour porter un diagnostic de dyslexie. Notre expérience prouve que des capacités intellectuelles limites ou normales faibles majorent le handicap scolaire que constitue la dyslexie. Il faut être vigilant dans un certain nombre de cas, pour savoir proposer et valoriser une orientation scolaire adaptée qui permettra à un certain nombre d'enfants un meilleur épanouissement personnel.

L'étymologie du terme dyslexie, terme très général, signale l'existence de difficultés dans l'acquisition du langage écrit.

Cette difficulté est durable et constitue un handicap sévère dans une scolarité durant laquelle les informations et le contrôle des connaissances sont apportés par le langage écrit.

La législation actuelle reconnaît ce handicap et propose un certain nombre d'adaptations pour la scolarité et les examens. Grâce à une analyse sémiologique précise, il faut proposer les bilans nécessaires qui permettront de faire un diagnostic et de proposer une remédiation appropriée et les adaptations qui sont nécessaires.

Repérage et dépistage des difficultés de lecture

Monique Plaza

Si le diagnostic de dyslexie ne peut être porté avant deux années d'apprentissage de la lecture, il est néanmoins important de repérer les enfants qui présentent, dès la maternelle, des troubles du langage oral susceptibles de sous-tendre des difficultés ultérieures d'apprentissage, et de dépister quels sont, en cours ou en fin de CP, les enfants en difficulté de langage écrit.

Le dépistage à l'école maternelle

Les études scientifiques ont montré que les retards et les troubles du langage oral aboutissent dans la majorité des cas à des troubles sévères. On sait également que le dépistage et la prise en charge précoces de ces difficultés permettent d'en pallier certaines conséquences délétères sur le développement de l'enfant.

Le développement du langage oral s'échelonne de la compréhension des mots vers 9-10 mois, et des premières productions de mots vers 12-13 mois, jusqu'à l'âge de 4 ans, âge auquel la parole devient à peu près totalement intelligible et où la grammaire de base est constituée. On peut donc envisager qu'un premier dépistage puisse être fait en petite section de maternelle, et qu'il soit confirmé ou infirmé un an plus tard, lorsque l'enfant est scolarisé en moyenne section. Avec un tel calendrier, on dispose de deux années avant l'entrée au cours préparatoire pour aider un enfant en difficulté.

Deux méthodologies de dépistage peuvent être utilisées chez le jeune enfant d'âge préscolaire. La première est directe, elle implique de tester les enfants à l'aide d'un certain nombre d'épreuves. La seconde est indirecte, elle s'appuie sur des observations réalisées par l'adulte à l'aide de questionnaires ou de grilles.

La méthode de dépistage direct

Elle implique l'utilisation de tests individuels réalisés avec les enfants. En France, il existe plusieurs outils, spécifiquement destinés à certains praticiens.

Le TDP 81, destiné aux orthophonistes, a été créé par Pierre Ferrand en 1974. Il permet une évaluation rapide du niveau auditif, des capacités perceptives et mnésiques, de l'orientation, de la structuration spatio-temporelle, et du langage oral [24].

Destinés aux médecins, (médecins de PMI, médecins scolaires, médecins généralistes ou pédiatres), ont été créés l'ERTL 4 et l'ERTL 6 qui concernent exclusivement le langage [4, 75] ; la BREV, parue en 2000 [10] et la BSEDS 5-6, publiée en 2000 [89], qui évaluent plusieurs sortes de compétences langagières et non langagières.

Destinée à des psychologues scolaires ou à des membres des RASED, la Batterie prédictive BP d'Inizan, récemment réétalonnée, vise à déterminer certaines des capacités cognitives impliquées dans l'apprentissage du langage écrit [49].

La méthode de dépistage indirect

Elle repose sur l'utilisation d'un questionnaire d'observation.

À l'usage des enseignants, le Questionnaire Langage et Comportement - 3 ans 1/2, réalisé sous la responsabilité de

Claude Chevrie-Muller, comporte 29 questions qui donnent lieu à un score [20]. De 14 à 17, on suspecte des " difficultés probables ", et on conseille un examen individuel. À partir de 18, on préconise fortement un examen individuel (bilan de langage, bilan psychologique).

Également destiné aux enseignants de petite section et aux médecins, le DPL 3, mis en œuvre par Françoise Coquet, est un questionnaire privilégiant quatre domaines d'observation : socialisation-communication, graphisme, compréhension du langage et expression du langage [22].

MÉTHODES DIRECTES ET INDIRECTES : POUR QUOI ? POUR QUOI ?

Les évaluations directes posent deux questions :

- La première est méthodologique. Elle concerne la validité statistique de ces outils lorsqu'ils prennent la forme de batteries composites destinées à des médecins, et donc (la consultation médicale ayant une structure et une temporalité particulières) devant être administrées rapidement. Plus les créateurs de la Batterie ont ajouté d'épreuves, plus ils ont dû en comprimer le volume et donc réduire le nombre d'items. Or que peuvent représenter la moyenne et l'écart type d'une épreuve qui comporte seulement un ou deux items par âge ? La probabilité que l'enfant ait répondu au hasard est d'autant plus grande que les variations interindividuelles des compétences sont fort importantes chez les très jeunes enfants.

- La seconde question concerne la formation et la qualification des praticiens qui administrent ces tests. Si les psychologues et les orthophonistes ont une formation qui les prépare à l'évaluation psychométrique, il n'en est pas de même des médecins.

Il serait donc souhaitable que les tests soient réservés aux professionnels formés à l'évaluation psychométrique (psychologues, orthophonistes), et que les médecins et les enseignants appuient leur travail de repérage et de dépistage sur des *questionnaires spécifiquement créés à leur intention, et compatibles avec leur pratique.*

Le dépistage en fin de CP

Plusieurs expériences ont été mises en place en France pour repérer de façon précoce les enfants en difficulté de langage écrit. Depuis l'année 2001, à l'initiative d'une association de parents d'élèves (la PEEP), avec l'accord de l'Inspection académique et avec le soutien de la municipalité, de la DDASS, de la médecine scolaire, une expérience a été mise en place dans une ville des Hauts-de-Seine par Monique Plaza, en collaboration avec l'UNADREO et le département d'orthophonie de l'hôpital Salpêtrière (Centre référent Troubles du langage, service du Professeur Mazet).

En 2001, nous avons évalué individuellement 267 enfants avec un protocole (d'environ 45 minutes) comprenant des épreuves de langage oral (accès au lexique, compréhension de phrases, sensibilité syntaxique, conscience phonologique), de mémoire auditive, de lecture et d'orthographe. À l'issue de ce dépistage, nous avons défini quels enfants nous semblaient à surveiller, en difficultés moyennes et en difficultés sévères. Nous avons conseillé une prise en charge pour les enfants en difficultés moyennes et sévères [72].

Nous avons pu réévaluer en juin 2002, à la fin du CE1, 199 de ces 267 enfants avec des épreuves collectives de langage écrit.

Notre objectif est d'évaluer ces enfants en fin de CE2, et de les suivre jusqu'en CM2 [70, 71].

L'expérience de dépistage en fin de CP a été reconduite en 2002 et en 2003 avec une méthodologie modifiée : l'expérience a été réalisée en deux temps. Au mois de mai, les enseignants de CP ont fait passer à leurs élèves des épreuves collectives de langage écrit que nous avions élaborées. 369 enfants ont pu être ainsi évalués collectivement en 2002, 418 en 2003.

À partir des résultats des enfants aux épreuves, on a proposé à ceux dont les scores étaient situés au-dessous d'un certain seuil, de passer un protocole individuel de dépistage, réalisé dans le cadre de l'école par une orthophoniste.

Le repérage des enseignants a donc précédé le dépistage proprement dit, qui a porté sur une population filtrée et non sur une population tout venant comme en 2001.

Cette méthode de dépistage est plus économique, puisqu'elle permet de dépister un plus grand nombre d'enfants et de ne proposer un bilan individuel qu'aux enfants qui paraissent le plus vulnérables. Elle est plus écologique car elle implique davantage les enseignants, qui ont un rôle très actif dans la première phase (passation et correction des épreuves collectives). Elle dissocie la performance scolaire de l'évaluation des compétences, puisque les épreuves qui servent au dépistage sont élaborées en dehors de l'école par des spécialistes du langage. Sa rigueur tient au fait qu'elle confie la passation des tests à des praticiens spécialisés, les orthophonistes, qui ont l'habitude de rencontrer les enfants en situation d'examen du langage et qui peuvent fournir des observations cliniques fort utiles.

Pour terminer

À la lumière de ces différentes expériences, on pourrait proposer que le dépistage des troubles du langage oral et écrit se déroule en trois temps.

- Pour les petits enfants de maternelle, une observation guidée de l'enseignant et/ou du médecin et, pour les enfants de CP, la passation d'épreuves collectives de langage écrit conçues à l'extérieur de l'école et réalisées dans les classes pourraient permettre de repérer les enfants susceptibles de présenter des difficultés.

- En cas de repérage positif (suspicion de difficultés), l'enfant pourrait être évalué en bilan individuel réalisé, à l'intérieur de l'école, par des personnes qualifiées en matière de troubles du langage (par exemple des psychologues scolaires formés à cette évaluation, et travaillant en coordination avec des orthophonistes et des membres des réseaux d'aide).

- Si les difficultés étaient confirmées, un bilan psychologique (évaluant les capacités cognitives) devrait être pratiqué, et la question de la prise en charge pédagogique et thérapeutique (notamment orthophonique) de l'enfant devrait être posée par une équipe composée d'enseignants, de psychologues, d'orthophonistes et de membres de réseaux d'aide.

5
LA PRISE EN CHARGE DES TROUBLES

Sylvie Raynaud

Les bilans proposés à l'enfant ont comme premier objectif diagnostique d'évaluer ses difficultés, et de les situer dans son profil cognitif, défini en termes de défaillances et de points forts. Le second objectif est thérapeutique : il s'agit de fournir des arguments aux intervenants qui s'occupent de l'enfant.

Actuellement en France, ce sont les orthophonistes qui ont en charge la rééducation des enfants dyslexiques. Leur principale mission est de permettre à l'enfant d'acquérir les stratégies qui lui font défaut pour parvenir à une lecture fluide, à une bonne compréhension, et à une transcription lisible. Pour remplir cette mission, l'orthophoniste met en place une relation avec l'enfant et son entourage, utilise des techniques et des matériaux extrêmement variés.

LA RÉÉDUCATION ORTHOPHONIQUE

La rééducation orthophonique des dyslexies étant un acte thérapeutique pris en charge par la Sécurité sociale, il existe des critères justifiant cette prise en charge. Cependant, si l'on considère comme dyslexique un enfant qui ne parvient pas à lire correctement alors qu'il ne présente ni trouble envahissant de la personnalité, ni déficit intellectuel, ni déficit sensoriel ou moteur, cela ne signifie pas que l'orthophoniste ne prendra pas en charge l'enfant qui présente des difficultés de langage écrit associées à de tels troubles.

Certains adolescents ont créé de véritables phobies de la lecture envahissant largement leur espace émotionnel. Ces troubles doivent être diagnostiqués et traités, en association avec l'orthophonie qui ne peut se faire qu'en concertation avec les autres professionnels et avec la famille.

De la même façon, si l'on ne peut formuler un diagnostic de dyslexie qu'après deux ans d'apprentissage du langage écrit, cela ne signifie pas que l'on ne peut pas prendre en charge un enfant qui est en CP, en CE1, voire en grande section de maternelle. Cela veut dire qu'à ces âges-là, on traite un autre problème : difficulté de concentration, de planification des tâches, troubles phonologiques, retard de langage…

Certains troubles du développement linguistique impliquent des approches particulières de la lecture dans un cadre interactif duel. On pourrait envisager, bien entendu, que cela se fasse avec un enseignant spécialisé plutôt qu'avec un orthophoniste.

Il serait alors nécessaire que des enseignants aient une formation spécifique aux troubles du langage, comportant des notions de linguistique, de neurologie, de psychologie. Actuellement, cette formation n'existe pas. Il revient donc aux orthophonistes, dans certains cas de déficit du langage, d'apprendre à lire aux enfants. C'est une des facettes de la prise en charge orthophonique. Il ne s'agit pas de rééducation de la dyslexie mais de prévention. C'est un moyen d'éviter que des troubles mineurs ne dégénèrent en troubles spécifiques de la lecture, n'envahissent toute la sphère des apprentissages et ne conduisent à l'échec scolaire avec les conséquences que l'on sait sur le devenir de l'enfant.

Les conditions matérielles

La rééducation orthophonique est au cœur du dispositif de prise en charge des dyslexies développementales. Elle dépend du secteur de la santé et non de celui de l'Éducation nationale. Elle peut avoir lieu en libéral, au cabinet de l'orthophoniste (les séances sont alors prises en charge par la Sécurité sociale) ou dans un cadre institutionnel (CMP, SESSAD, service hospitalier...).

Elle se déroule généralement sur une longue période, parfois sur plusieurs années scolaires, et occupe une place importante dans la vie de l'écolier dyslexique. Elle suppose de la part du patient un fort investissement car, à travers elle, il doit tenter de réorganiser ses représentations du langage.

Il convient donc qu'elle se déroule dans de bonnes conditions matérielles. Les séances de rééducation coincées entre midi et 13 h 30, à l'heure où les enfants ont besoin de se reposer et de déjeuner tranquillement, sont souvent vouées à la lassitude et à l'échec. Il en est de même pour les prises en charge après 17 h, alors que l'enfant a encore des devoirs à faire à la maison et qu'il n'a pas le temps de décompresser après une journée d'école. Donc, chaque fois que cela est possible, il faut convaincre les enseignants de laisser sortir les enfants sur le temps scolaire pour leur rééducation orthophonique. Il n'est pas justifié de les priver systématiquement des cours de gym, d'art plastique ou des matières d'éveil. Ce sont des domaines dans lesquels l'école peut pleinement remplir son rôle avec les petits dyslexiques comme avec leurs camarades. Par contre, la leçon de lecture et la dictée peuvent être évitées. C'est là, en effet, que l'enfant dyslexique est en souffrance. Il ne peut pas profiter convenablement de la pédagogie de son maître. Cherchant malgré tout à répondre à sa demande, il risque de renforcer son trouble en renforçant ses stratégies compensatoires. Ce qui est souvent déroutant pour le maître et pour l'élève.

Le principe de l'interaction

La rééducation orthophonique n'est ni une psychothérapie ni une pédagogie spécialisée. Elle est une thérapie à part entière, avec ses propres règles déontologiques et éthiques et ses propres modalités d'intervention. Le terme de logothérapie, utilisé en Belgique, rend compte de cette dimension beaucoup mieux que le terme orthophonie, utilisé en France.

La prise en charge d'un trouble du langage est toujours une aventure à deux. Elle est fondée sur une interaction entre le patient et son thérapeute. Le savoir-faire technique du thérapeute, le choix d'une technique de rééducation, le rythme des séances, la rigueur ou la souplesse dans l'application des méthodes en fonction des réactions du patient, le dosage de la progression sont autant d'éléments dont dépend le succès de la thérapie. Ils constituent une condition nécessaire au bon déroulement de la rééducation, mais non une condition suffisante. Les réactions du patient, ses acceptations et ses refus, les exigences familiales, les liens qui se tissent entre l'enfant ou l'adolescent dyslexique et son orthophoniste sont également déterminants. Il y a donc autant de situations différentes qu'il y a d'orthophonistes et qu'il y a d'enfants ou d'adolescents dyslexiques. La personnalité de l'un et de l'autre et leur rencontre possible conditionnent le travail.

On peut considérer deux composantes au principe d'interaction : l'alliance thérapeutique et la négociation.

L'alliance thérapeutique

On oppose parfois le travail " sur la relation " au travail " sur la technique ". Cette dichotomie n'a aucun sens. Aucun travail thérapeutique, rééducatif ou éducatif n'est possible si le praticien n'établit pas une relation satisfaisante avec son interlocuteur. Aucune technique n'est applicable à quelqu'un qui ne s'y adapte pas d'une manière ou d'une autre.

Cette relation, qui doit reposer sur la confiance de l'enfant et de ses parents, n'est pas exempte de conflits ni de moments difficiles. En effet, la tâche à accomplir pour le patient est déstabilisante. Il est important qu'il puisse exprimer et vivre ses résistances au cours de sa rééducation. La peur, la révolte, la culpabilité, la souffrance jalonnent le vécu d'échec scolaire des enfants dyslexiques. L'inhibition, l'opposition ou la résistance passive sont les moyens de défense qu'ils ont naturellement développés pour s'en protéger. Le thérapeute ne conduira l'enfant nulle part s'il ne négocie pas avec ces forces et ces défenses.

Il doit, bien au contraire, les utiliser comme moteur de la rééducation. Voilà pourquoi nous préférons parler d'alliance thérapeutique plutôt que de relation.

Rééduquer, reprendre l'éducation là où elle s'est fourvoyée suppose que l'on fasse marche arrière et que l'on reparte dans une autre direction. C'est un travail difficile pour un enfant, bien plus difficile encore pour un adolescent. Plus les habitudes sont anciennes et intégrées au système, plus les automatismes sont installés, même si ce sont de mauvais automatismes, plus il est difficile d'en changer. Voilà pourquoi l'enfant ou l'adolescent va résister. Pourtant, il doit céder aux structures du système alphabétique qui imposent un mode de traitement particulier de l'information. Car les codes symboliques ont ceci de particulier que c'est en s'y soumettant que l'on parvient à les dominer.

Dans cette lutte, le thérapeute est l'allié de l'enfant. Il doit le guider vers l'objectif qu'ils ont fixé ensemble à partir des constats de l'évaluation et à partir des informations données au patient sur son fonctionnement actuel et celui qu'il doit acquérir.

Comme dans toute prise en charge longue à visée thérapeutique, un transfert et un contre transfert ponctuent les rencontres. C'est-à-dire que le patient et son thérapeute éprouvent l'un et l'autre des émotions au cours de la relation qui s'établit entre eux, émotions qui doivent être prises en compte, verbalisées et mises à distance.

La négociation

La rééducation est avant tout une négociation. L'enfant ou l'adolescent dyslexique a mis en place un système de représentations, qui s'est élaboré progressivement à partir de son potentiel génétique et des interactions qu'il a établies avec son entourage.

Or, ce système ne lui permet pas d'accéder à la représentation alphabétique de la parole. L'enfant se trouve donc dans une impasse. S'il continue à utiliser ses modes de traitement habituels, il va droit dans le mur et ne parviendra pas à lire et à écrire correctement. Pourtant, il lui est impossible de changer sa manière de se représenter le monde.

Un tiers est consulté pour l'aider à tenter une réorganisation. La marge de manœuvre va être extrêmement étroite. La solution au problème se trouvera dans une négociation entre le système de représentations du sujet et le système nécessaire à la tâche de lire. Autrement dit, il faudra inciter l'enfant à procéder autrement qu'il ne le fait tout en restant qui il est.

PLUSIEURS PHASES DANS CE TRAVAIL

- Le thérapeute propose une nouvelle voie d'accès et formate le contexte pour qu'elle soit la seule utilisable.
- L'enfant l'imite et essaie d'activer cette voie.
- Il s'entraîne par la répétition.
- Le thérapeute propose une situation dans laquelle un choix est possible et l'enfant inhibe sa voie d'accès familière pour activer la nouvelle venue dans son système.

L'une des caractéristiques des dyslexiques est de court-circuiter le déchiffrement pour lire par suppléance mentale et appui contextuel. Cela peut conduire le sujet à deux types d'erreurs. Soit il remplace les petits mots, comme "*le*", "*un*", etc. Cela est parfois sans conséquences pour la compréhension du texte. Parfois, cela entraîne de véritables contresens. L'enfant qui lit " *il vient à Paris* " au lieu de " *il vient de Paris* ", fait un contresens. Soit il confond des mots qui globalement se ressemblent. Le contexte évite parfois que cela ne conduise aux contresens, mais pas toujours.

C'est ainsi qu'un jeune patient lit : " *les gardiens étaient conduits à flanc de colline* " au lieu de : " *les gradins étaient construits à flanc de colline* ". C'est alors tout le sens de la phrase qui ne peut pas être saisi. Le jeune doit faire des prouesses d'interprétation pour rétablir le sens de son texte et comprendre malgré tout. Les personnes dyslexiques sont souvent dans cette situation de compréhension précaire et aléatoire. Elles doivent donc exercer une vigilance contextuelle pour comprendre ce qu'elles lisent.

L'une des techniques souvent utilisées en rééducation pour éviter l'appui exagéré et inefficace sur le contexte est de faire lire à l'enfant des *suites de syllabes hors d'un contexte*. On contourne le désir de traiter tout de suite le sens global de la phrase et on contraint le sujet à traiter ce qu'il ne traite pas habituellement, la représentation alphabétique de la parole.

Mais cette technique seule est loin d'être suffisante car lorsque l'on lit un texte, on n'a pas sous les yeux des suites de syllabes, mais des phrases. Il faudra donc aussi l'entraîner à lire un texte signifiant, éventuellement même un texte qui aura pour lui une résonance émotionnelle, en se concentrant sur la structure syllabique. On lui demandera de lire le texte en faisant comme si ce n'était pas des mots, mais des suites de syllabes. En faisant cela, il apprend à inhiber une voie d'accès pour en activer une autre.

Ce travail n'est pas suffisant non plus, car le but de la lecture est de dépasser l'identification des syllabes pour accéder au sens du texte. Il faudra donc dans un troisième temps lui proposer d'alterner ces procédures : lire le texte en se concentrant sur le sens, mais revenir à de l'assemblage syllabique dès qu'un mot n'aura pas pu être identifié.

Il faut savoir doser ces exercices, parfois déstabilisants pour les enfants. Un enfant demandera à ne pas poursuivre l'exercice. On lui proposera de recommencer un autre jour, plus tard, quand il sera prêt. Un autre voudra réessayer tout seul chez lui. Un autre demandera à revenir à la lecture de syllabes pour renforcer la procédure qu'il ne maîtrise pas. Un autre encore demandera à ce qu'on lui lise d'abord le texte pour être en paix avec le sens. En tout état de cause, il aura été mis en situation de résoudre un conflit cognitif.

Conduire l'enfant dans cette négociation, c'est cela la rééducation orthophonique ou logopédique. Ajouter un ou plusieurs modes de représentation à son système, inhiber le plus ancien et le plus habituel pour activer le plus récent et le plus coûteux et enfin prendre l'habitude de jongler entre plusieurs systèmes. C'est une négociation difficile, requérant l'adhésion du patient.

Comment un enfant abandonnerait-il ses façons de faire pour les remplacer par d'autres moins automatisées ?

La première raison est peut-être qu'il a confiance. La raison principale est que ce qu'il va gagner doit être plus important que ce qu'il a à perdre. Entre lire vite en survolant les mots au prix d'erreurs continuelles, de nécessaires retours en arrière, d'appuis désespérés sur tout ce qui peut mettre les informations dans un contexte, et lire toutes les informations et les identifier sans ambiguïté, l'enfant va progressivement percevoir un gain.

Le thérapeute doit réajuster ses exigences en fonction du niveau de l'enfant et du rythme de ses progrès, de façon à le conduire progressivement jusqu'à la lecture experte.

Un enfant dyslexique est rééduqué lorsqu'il peut, seul face à un matériel écrit, moduler ses stratégies de reconnaissance. L'objectif annoncé d'une rééducation de la lecture est celui-ci : à la fin du travail, le patient devrait pouvoir lire vite, bien et sans efforts, sans avoir abandonné sa manière particulière d'entrer en relation avec le monde qui l'entoure.

Les méthodes et techniques de rééducation

Pour conduire son travail de réorganisation, l'orthophoniste utilise la médiation de techniques ou de méthodes de rééducation. Elles sont issues du travail empirique de leur concepteur, à partir de ses observations cliniques quotidiennes et ont rarement donné lieu à des recherches comparatives ou à des validations cliniques.

Le principe de l'interaction étant toujours au cœur des thérapies, il arrive qu'une même méthode soit plus efficace avec un praticien qu'avec un autre. Une méthode ne peut jamais être plaquée ni appliquée à la lettre. Elle reste plutôt un outil à la disposition du thérapeute, outil qu'il réaménage en fonction de ses patients et de lui-même.

Plusieurs techniques peuvent être associées dans la même démarche thérapeutique.

Il est impossible de dire qu'une méthode correspond à un type de dyslexie. Il est plus judicieux de penser qu'un patient particulier est plus sensible à une technique qu'à une autre, et un thérapeute plus habile avec une technique qu'avec une autre. Il est donc possible que deux patients, classés dans la même catégorie selon les caractéristiques chiffrées de leur dyslexie, soient sensibles à des techniques différentes.

On peut classer les méthodes de rééducation en fonction des principes sur lesquels elles s'appuient et selon l'élément de l'ensemble du fonctionnement cognitif auquel elles s'intéressent. L'idée, souvent avancée par les praticiens, que leur méthode a un effet plus large que ce sur quoi elle travaille laisse à penser que certaines fonctions agissent comme des organisateurs.

Voir tableaux pages suivantes.

Les méthodes issues de la pédagogie spécialisée

La méthode Borel-Maisonny :
elle vise directement l'apprentissage ; c'est une méthode phonético-gestuelle d'apprentissage de la lecture. Elle a été inventée afin d'apprendre à lire à des enfants sourds. Les bons résultats obtenus avec ces enfants ont incité son auteur à la proposer à des enfants souffrant de troubles du langage. Suzanne Borel-Maisonny est la fondatrice de la profession d'orthophoniste en France. Sa méthode (ancienne, puisqu'elle date des années 60) est enseignée dans les écoles d'orthophonie [13].

Suzanne Borel-Maisonny est partie de la constatation que les enfants sourds n'avaient pas accès à la correspondance entre les lettres et les sons de la parole du fait de leur déficit sensoriel. Elle a donc symbolisé cette correspondance par des gestes de la main pouvant servir d'intermédiaire provisoire entre la lettre et le son.
Les enfants apprennent à associer lettres, phonèmes et gestes. Ils abandonnent progressivement les gestes lorsqu'ils ont établi les correspondances lettres - phonèmes. Cette méthode prend en compte la correspondance phonographique à la base du système alphabétique. Elle tient compte de l'aspect articulatoire de la parole et pas uniquement de l'aspect acoustique.

Elle ne s'intéresse pas à la structure syntaxique et textuelle. Pourtant, si le sens du message n'est pas ou peu abordé, ce n'est pas par ignorance de l'importance de l'aspect sémantique, ni par refus de s'y intéresser (Suzanne Borel-Maisonny était linguiste, phonéticienne et grammairienne). Mais parce que son objectif est l'identification du codage alphabétique des mots.
Elle peut poser certains problèmes avec des enfants scolarisés auprès d'un enseignant utilisant des méthodes globales ou contextuelles. L'enfant peut, en effet, se trouver aux prises avec deux méthodologies à l'opposé l'une de l'autre et s'y perdre. Une collaboration entre enseignant et orthophoniste est donc nécessaire, afin que l'enfant ne se sente pas écartelé entre deux méthodologies différentes.

La méthode Borel-Maisonny est centrée sur les troubles du déchiffrement. De nombreux travaux de psycholinguistique ayant démontré que les meilleurs déchiffreurs deviennent les meilleurs lecteurs, elle a donc pleinement sa place dans la lutte contre les troubles de la lecture. Toutefois, elle ne constitue pas l'outil le plus adapté au traitement des dyslexies anciennement installées, chez l'adolescent ou l'adulte.

La pédagogie relationnelle du langage (PRL) de Claude Chassagny :

Très en vogue dans les années 80, elle est transmise par un organisme de formation, l'IPERS, et par une revue, *La pratique des mots*.
Pour Chassagny, rééducateur et psychanalyste, la dyslexie est un refus ou une impossibilité à accéder à l'ordre symbolique. Elle consiste plus en une perturbation des rapports entre le sujet et son environnement éducatif qu'en une incapacité constitutionnelle à intégrer les structures du langage [18].

Sa méthode est un compromis entre pédagogie et psychothérapie, dont l'objectif est de tenter de réconcilier l'enfant avec le symbolisme. Dans un premier temps tous les modes d'expression sont acceptés (dessin, jeu, modelage). Lorsque l'enfant est prêt on aborde l'écrit. On utilise alors essentiellement ses productions écrites à partir desquelles on l'invite à faire des associations de mots, de phrases, en construisant des séries ayant soit un rapport phonologique, soit un rapport sémantique. Cette technique des séries est nommée " technique des associations ".

Le **premier intérêt** de cette méthode est de redonner aux enfants un statut de sujet actif. Au lieu de considérer leurs productions linguistiques (verbales ou écrites) comme erronées parce que non conformes aux règles, on les considère d'abord comme des messages acceptables qui communiquent quelque chose à un interlocuteur.
Elle prend en compte la dimension relationnelle et émotionnelle des troubles. Elle peut donc être bien indiquée chez les enfants ayant développé des phobies de l'écrit.

Le **second intérêt** est d'utiliser les productions de l'enfant comme moyen d'organiser son langage. Il semblerait que la technique des associations soit un bon activateur des réseaux sémantiques, réseaux par lesquels les mots sont connectés entre eux.

Les méthodes audio-phonatoires

Elles n'ont pas de visée pédagogique, mais se situent en amont de l'apprentissage de la lecture. Leur objectif est de réorganiser le rapport du sujet aux structures phonologiques de sa langue. La phonologie est considérée sous l'angle acoustique beaucoup plus que sous l'angle articulatoire : on s'intéresse essentiellement à la manière dont le sujet se représente la langue qu'il entend.

Ces méthodes audio-phonatoires ont deux points communs : elles utilisent un appareil et elles introduisent des distorsions dans les messages verbaux. L'appareil va servir de transition entre le sujet et son langage en donnant en quelque sorte une réalité tangible au langage.

Les différents appareils audio-phonatoires transforment les messages verbaux, qui ne peuvent plus être décodés et compris selon les modalités habituelles. Les automatismes du sujet sont alors inopérants et il se trouve contraint d'analyser différemment ces nouveaux messages, comme s'il cherchait à comprendre une langue étrangère. Il utilise pour cela des stratégies archaïques d'analyse phonologique et restaure ainsi sa conscience phonologique et en particulier sa capacité à se représenter les unités courtes que sont les consonnes. Cette fonction étant restaurée, il peut entrer dans le système alphabétique.

En dehors de ces points communs, les méthodes audio-phonatoires possèdent de nombreuses différences quant à leur justification théorique, quant à la manière dont elles envisagent l'interaction et quant à la manière dont les utilisateurs sont formés.

L'oreille électronique de Tomatis :
C'est la plus ancienne et aussi la plus controversée des méthodes audiophonatoires.
Elle correspond à une représentation audio-psycho-phonologique. Elle postule que la personnalité du sujet dépend de sa structure phonologique qui dépend elle-même de son audition. Tomatis veut conduire l'enfant à " l'accouchement sonique " par un système de filtrages des fréquences acoustiques de la voix de sa mère, qui permettent " l'ouverture diaphragmatique de l'oreille ". Grâce à l'éducation de l'organe sensoriel, c'est

tout le rapport de l'enfant au monde sonore et, par extension, sa relation à son environnement qui seraient modifiés [83].

Cette méthode a soulevé les tollés de la communauté scientifique et a reçu une vive désapprobation des instances responsables, de la fédération nationale des orthophonistes essentiellement parce que ses justifications théoriques semblaient indéfendables.
Deux points théoriques étaient et restent particulièrement irréalistes :
- l'idée que toute l'organisation psychique de l'individu est contenue dans son oreille.
- l'idée que le même moyen est applicable sans discernement à tous les troubles développementaux.

Certains témoignages montrent que la méthode Tomatis donne parfois de bons résultats chez les enfants dyslexiques.
Il est évident que l'oreille électronique permet au sujet de travailler les structures non sémantiques de la langue et peut avoir un effet sur sa conscience phonologique. Mais l'alchimie personnelle à partir de laquelle un enfant connecte conscience phonologique et lecture est bien plus complexe que le fonctionnement de son oreille.
L'**intérêt** des travaux de Tomatis est d'avoir accordé une grande importance aux paramètres acoustiques de la langue (hauteur tonale, intensité, durée) et à leur rapport avec la lecture, à une époque où les travaux sur la lecture laissaient une place bien maigre au lien phonème/ graphème.

La sémiophonie :
La méthode sémiophonique d'Isi Beller utilise un appareil nommé lexiphone.
Contrairement à la méthode Tomatis, elle ne prétend pas rééduquer l'oreille elle-même, mais modifier l'attitude du sujet parlant. Elle ne répond pas à une définition instrumentale (l'oreille), mais à une définition psycholinguistique (les expériences linguistiques précoces du sujet).
Pour Isi Beller, la dyslexie est liée à un déficit des représentations phonologiques, déficit dû à des ratés dans les expériences prélinguistiques du sujet. Pour lui l'origine des dyslexies remonte à une mauvaise mise en place par le sujet des structures profondes de la langue.

Beller nomme " automatismes élémentaires du langage " (AEL), ces structures profondes et propose au sujet de partir à la reconquête de ces automatismes [8].

L'objectif de la sémiophonie est de brouiller le sens du message pour faire émerger les caractères prosodiques (mélodie et intonation) et phonologiques (agencement des voyelles et des consonnes à l'intérieur des mots) de la langue et contraindre le sujet à prendre en compte ces paramètres. Comme chez Tomatis, les messages déformés contraignent le sujet à avoir recours à des stratégies archaïques (que l'enfant utilise dans ses 18 premiers mois de vie avant l'apparition des premiers mots.)

La méthode sémiophonique s'enseigne au cours de stages animés par Isi Beller lui-même, ou par ses collaborateurs. Les praticiens utilisant cette méthode sont regroupés au sein de l'association des orthophonistes sémiophonistes francophones.

L'**intérêt** de la méthode sémiophonique est de mettre au centre du débat le sujet parlant et son rapport précoce à la langue. Elle a souffert d'une assimilation avec la méthode Tomatis qui lui a valu une réputation sulfureuse.
Les résultats satisfaisants obtenus dans de nombreux cas incitent un nombre grandissant d'orthophonistes à l'utiliser. Elle reste une des rares méthodes de rééducation à se préoccuper de validation clinique. Plusieurs expérimentations ont été tentées et, à l'heure où nous écrivons ces lignes, un PHRC (plan hospitalier de recherche clinique) est en cours.

La méthode audiophonatoire de rééducation de la dyslexie mise au point par Paula Tallal (chercheur américain) :
elle a été évoquée dans la première partie par Michel Habib. Nous noterons qu'elle reste dans le domaine de la recherche expérimentale et qu'elle n'est pas encore à la disposition des thérapeutes.
Il était intéressant de la citer ici car elle ouvre la voie aux recherches méthodologiques sur la rééducation.

La méthode aphasiologique :
elle a été créée par Gisèle Gelbert, orthophoniste, médecin et aphasiologue.
Elle est fondée sur la constatation qu'il existerait des analogies entre les troubles développementaux de la lecture chez les dyslexiques et les troubles acquis chez les aphasiques après lésion cérébrale. Gisèle Gelbert a construit un schéma des

fonctions linguistiques, composé d'un ensemble de circuits de représentation. Le bon fonctionnement de chacun de ces circuits de représentation est nécessaire à l'acte de lecture. Gisèle Gelbert nomme ces circuits des " préalables ".

Elle distingue :

- le préalable mnésique
- le préalable visuel
- le préalable bucco-phonatoire
- le préalable phonétique
- le préalable graphique

Sa méthode de rééducation consiste en une série d'exercices spécifiques dont le but est d'activer le ou les préalables qui ont été constatés défaillants lors du bilan initial et au cours de la prise en charge [35].

Les orthophonistes pratiquant la méthode Gelbert sont formés par Gisèle Gelbert elle-même dans le cadre de séminaires et en assistant à ses consultations et rééducations.
Ses principes de rééducation sont exposés dans plusieurs ouvrages et articles.

Les méthodes inspirées de l'art-thérapie

Méthode " Sensonaime " de Béatrice Sauvageot :
Béatrice Sauvageot est orthophoniste et musicienne ; elle a mis au point sa méthode en collaboration avec Jean Metellus, neurologue, et avec une équipe d'art thérapeutes.
Ils sont partis de la constatation que les sujets dyslexiques étaient la plupart du temps réduits à leur seule dimension de dyslexiques. Or, si ce dysfonctionnement perturbe certaines acquisitions, on oublie trop souvent que ces sujets disposent dans certains domaines, de compétences parfois très supérieures à la moyenne. Plutôt que de focaliser les sujets sur leurs difficultés, au risque d'atrophier les capacités intègres, la méthode Sensonaime les incite à utiliser et à développer tous les moyens d'expression dont ils disposent. Elle leur propose une multitude d'activités qui vont de l'expression corporelle à l'art graphique en passant par la musique et la poésie, mais aussi des exercices plus spécifiquement orthophoniques [76].

Ces activités ont une action réparatrice sur l'image de soi, souvent très dégradée, que ces enfants ont mise en place. Elles ont également une action plus spécifique sur l'organisation du traitement séquentiel des informations (par le rythme ou par les séquences gestuelles, par exemple).
La méthode encourage le sujet dans toutes ses tentatives de représentation ou d'expression.
Elle l'encourage à développer sa propre représentation du monde selon la modalité qui est la sienne et à l'utiliser pour accéder à la représentation de l'écrit plutôt que de le forcer à utiliser une modalité qui lui est étrangère.
La prise en charge a lieu en général sous forme de week-ends au cours desquels les enfants et les adultes dyslexiques explorent les différentes composantes du travail. C'est essentiellement une méthode thérapeutique de groupe.

L'**intérêt** de cette méthode est en premier lieu son aspect extrêmement ludique et le grand plaisir qu'y trouvent les enfants. Elle est un baume posé sur les blessures narcissiques subies par les sujets dyslexiques. Elle s'inscrit dans une démarche intégrative et elle place le geste au centre de l'organisation du langage.

La formation à cette méthode se fait au cours de week-ends de thérapie. Les stagiaires sont invités à participer à toutes les activités auxquelles participent les patients.
La formation pratique est complétée par une réflexion théorique animée par Béatrice Sauvageot et par le docteur Metellus. Les formateurs, rééducateurs, patients, se regroupent au sein de l'association " Puissance Dys ", fondée en 1992.

LES MÉTHODES LINGUISTIQUES AU SENS LARGE

LE TRAVAIL DE FRANÇOISE ESTIENNE :
belge, celle-ci est logopède ; son travail est complexe et va bien au-delà d'une rééducation de la lecture.
Pour elle, on ne peut isoler un élément du système linguistique et faire abstraction de tous les autres. Elle propose donc une méthodologie dont le but est de " former des réflexes linguistiques, d'automatiser des processus, de monter et démonter avec l'enfant le mécanisme de la langue tant orale qu'écrite en mettant en relief les structures fondamentales de la phrase, du mot, en découvrant avec lui les relations entre les structures grammaticales et le sens des messages dont elles sont investies ".

Ses principes de rééducation s'appliquent non seulement à la lecture, mais aussi à la rééducation de l'ensemble des troubles développementaux du langage.
Elle propose de très nombreux exercices adaptables par le thérapeute en fonction des nécessités de la prise en charge. Il s'agit donc plus d'un ensemble d'outils mis à la disposition du thérapeute que d'une méthode à proprement parler de rééducation.

La formation est généralement conduite par Françoise Estienne elle-même au cours de stages.
L'ensemble de ses principes rééducatifs et de ses exercices de rééducation est répertorié dans de nombreux ouvrages qui constituent une mine pour les orthophonistes [29].

L'APPROCHE ISSUE DE LA THÉORIE DE LA GESTION MENTALE

Selon Antoine de la Garanderie, la Gestion Mentale propose une " psychologie de la vie mentale dans la perspective d'une aide pédagogique ". Elle s'intéresse aux habitudes mentales qui caractérisent le patient et conditionnent ses réussites et ses échecs au cours de ses acquisitions scolaires mais, par delà, elle s'intéresse aussi à d'autres activités quotidiennes ou créatives [23].
Son objectif est de conduire le patient à une meilleure connaissance de soi. Par l'introspection, sorte d'auto-observation, celui-ci prend conscience de ses procédures mentales au travail. Il peut ainsi évaluer celles qui conduisent à la réussite ou celles qui le mènent à l'échec, puis transférer les habitudes mentales efficaces là où il éprouve des difficultés. Pour rendre cette démarche possible, le patient doit pouvoir expliciter le projet dans lequel il s'inscrit lorsqu'il réalise une tâche.

Le thérapeute établit le profil pédagogique du patient, cherchant à l'aide de questions (ou dialogue pédagogique), les modes personnels de traitement de l'information et d'appropriation du savoir qui le caractérisent (évocations et gestes mentaux spontanément familiers : visuel, par exemple, lorsque la représentation mentale est imagée, ou encore auditif, quand cette représentation mentale consiste en une reprise verbale...).
Le patient devra ensuite apprendre à maîtriser et utiliser cette procédure d'évocation qui permet de revoir ou réentendre mentalement tout ce qu'il perçoit visuellement ou auditivement.

Il faudra aussi inscrire ce travail d'évocation dans un projet adapté à la tâche entreprise, afin de structurer les gestes mentaux que sont : l'attention, la mémorisation, la compréhension, la réflexion et l'imagination, et adapter ainsi le mode de traitement de l'information du patient en fonction de ses objectifs clairement explicités.

Confronté à une tâche de lecture, le patient devra donc se mettre en "projet" de mémoriser une forme (en passant par la représentation mentale des signes et symboles) et accéder à la compréhension d'un sens (en associant les formes nouvellement découvertes à des concepts réels pour les comprendre).
Un enfant "visuel" réalise difficilement l'association signe écrit/son émis (il mémorise l'image mentale des signes écrits mais ne peut reprendre mentalement les sons correspondants).

C'est l'inverse pour un enfant "auditif" qui aura, lui, des difficultés à se représenter mentalement les signes écrits.
La rééducation s'attachera donc à donner aux uns la capacité de s'appuyer sur l'évocation visuelle pour atteindre le son, et aux autres la possibilité de se servir de l'évocation auditive pour aller à l'image. Elle devra ainsi respecter et adapter les projets successifs aux différents moments de l'apprentissage, allant de l'acquisition technique de la forme au projet de final d'accès au sens.

Déchiffrage et lecture/compréhension sont donc envisagés selon une démarche qui n'exclut en aucune façon le recours à d'autres techniques ou approches rééducatives. Le recours à la gestion mentale s'entend plutôt comme un support de rééducation, permettant au patient de devenir acteur de sa propre réussite.

Nathalie Thomas, orthophoniste

Les outils de rééducation

À côté des méthodes de rééducation structurées, il existe un grand nombre d'outils à disposition des thérapeutes. Ils leur permettent d'utiliser leur propre méthodologie tout en leur fournissant des idées d'exercices. Il s'agit de livres, jeux didactiques, logiciels de rééducation, qui sont de plus en plus nombreux et de plus en plus diversifiés.

Il est toujours souhaitable, pour la bonne collaboration entre l'enfant, ses parents et son orthophoniste, que ce dernier donne toutes les explications nécessaires quant au choix de tel ou tel matériel. On doit comprendre comment un matériel de jeu peut développer une fonction particulière (attention visuelle, par exemple) qui pourra être mise à contribution dans le système sophistiqué qu'est l'acte de lire.

En conclusion

La rééducation orthophonique est une thérapie complexe nécessitant à la fois des techniques précises et efficaces et une approche souple et tolérante du patient et des ses symptômes.

Dans cette lutte contre un symptôme dont les formes, l'importance, les conséquences sont variables d'un sujet à l'autre, pouvant aller de la simple gêne à l'exclusion sociale. Rien ne doit être négligé, rien ne doit être méprisé, rien ne doit être fait à la légère. Du dialogue entre thérapeute et famille naît l'efficacité du travail.

La question fondamentale que doit se poser continuellement le thérapeute est celle-ci :

" *Cet enfant progresse-t-il harmonieusement ?* "

Au cours de sa prise en charge l'enfant doit aller progressivement mieux, il doit mieux lire, faire moins d'efforts, se sentir plus à l'aise, plus satisfait de ce qu'il fait. Voilà le seul critère vraiment utile. Toute insatisfaction du patient, toute impression de piétiner, de végéter ou de se perdre doit être analysée, comprise, et peut remettre en cause les options thérapeutiques choisies.

LA VALIDATION SCIENTIFIQUE DES PRISES EN CHARGE

Monique Plaza

L'intérêt de la recherche scientifique pour l'étude des dysfonctionnements du langage écrit, et pour l'évaluation de leur prise en charge, est relativement récent. Il est lié au développement des sciences cognitives, qui a permis de formaliser de nouveaux modèles de la lecture, d'élaborer de nouveaux schémas de classification des troubles, et de concevoir des programmes rationalisés, de plus en plus souvent informatisés, de prise en charge.

Les orthophonistes de leur côté ont accumulé des savoir-faire innombrables et des méthodes empiriques très précieuses, qu'il est urgent de faire remonter à la lumière, d'analyser et de tester. L'interface de la recherche et de la clinique est une voie d'avenir très prometteuse.

Les recherches scientifiques

Dans le cadre pédagogique, les recherches scientifiques ont montré l'influence de tel ou tel facteur sur l'acquisition du langage écrit en utilisant la méthode des entraînements.

On constitue, par exemple, en grande section de maternelle deux groupes d'enfants de même âge, de même niveau socioculturel et de même intelligence, et l'on propose au premier une méthode X, au second une méthode Y. On réévalue les deux groupes d'enfants en fin de CP et, en les comparant sur un plan statistique, on analyse quelle méthode semble le mieux favoriser le développement du langage écrit chez l'enfant.

C'est ainsi que l'on a pu montrer l'effet positif de l'entraînement de la conscience phonologique sur l'acquisition de la lecture [55, 88]. Au fur et à mesure que les chercheurs découvrent quelles composantes influencent le plus le développement du langage écrit, ils peuvent proposer des protocoles qui font travailler les enfants sur ces composantes, ce qui donne d'ailleurs à leurs recherches une dimension potentiellement préventive des troubles.

Ces méthodes d'entraînement doivent être " formatées " de façon extrêmement rigoureuse. Les chercheurs testent des hypothèses en s'appuyant sur un certain nombre de travaux théoriques. S'ils veulent comprendre et préciser ce qui influence les progrès réalisés par les enfants, ils doivent comparer plusieurs conditions. Ainsi, par exemple, on peut tester l'hypothèse selon laquelle un entraînement phonologique est plus ou moins efficace si on lui associe un apprentissage des correspondances entre les graphèmes et les phonèmes. On proposera donc à certains enfants la condition purement phonologique, et à d'autres la condition phonologique et alphabétique, et on comparera les groupes qui ont été entraînés dans telle condition versus telle autre [3].

Le développement de méthodes informatisées facilite considérablement la tâche des chercheurs : le programme est paramétré et peut être appliqué dans des conditions standard, l'intervention de l'expérimentateur étant réduite au minimum. Il faut noter qu'en règle générale, ces programmes sont à durée déterminée : ils sont appliqués durant quelques semaines, avec une fréquence élevée.

Des recherches scientifiques de ce type ont également été réalisées avec des enfants dyslexiques, à qui l'on a proposé des programmes ciblés sur l'entraînement et/ou la rééducation de telle ou telle composante importante pour le développement de la lecture, et qui est défaillante chez eux. Pour mesurer l'impact de ces programmes, on a soit comparé les enfants à eux-mêmes (évaluation avant et après traitement), soit à celles d'enfants lecteurs débutants bénéficiant du même programme, soit à celles d'autres enfants dyslexiques bénéficiant de programmes ne portant pas sur la compétence ciblée.

On peut distinguer deux grands axes de prise en charge :

Les méthodes portant sur les sous-systèmes

On peut ranger dans cette catégorie les programmes portant sur la conscience phonologique, sur la conscience morphologique, sur l'accès au lexique, sur les structures spectro-temporelles de la parole.

Chacun de ces programmes a des indications particulières : le programme *Fast ForWord* est destiné à des enfants qui présentent des défaillances du traitement temporel, le programme *RAVE-O* à des enfants qui ont un déficit d'accès au lexique, les programmes de conscience phonologique à des enfants qui présentent des troubles phonologiques. Leur application requiert donc une évaluation et une classification diagnostique des difficultés lexiques des enfants.

Ces programmes sont généralement plutôt brefs (quelques semaines), intensifs (quatre ou cinq séances par semaine), chaque session ayant une durée fixe.

La conception de ce type d'instruments repose sur plusieurs hypothèses :

- les difficultés de langage écrit se développent à partir du dysfonctionnement de sous-systèmes (primaires, modulaires ou segmentaires),
- ces sous-systèmes défaillants peuvent être améliorés par un entraînement progressif,
- l'amélioration des performances de ces sous-systèmes peut entraîner, par transfert ou par généralisation, une évolution des compétences de lecture de l'enfant.

À TITRE D'EXEMPLE
ÉVOQUONS LE TRAVAIL DE MARYANNE WOLF ET DENISE SEGAL [86]

La théorie sous-jacente aux travaux de ces chercheurs est que certains enfants dyslexiques présentent une lenteur d'accès au lexique qui altère les mécanismes d'identification des mots. L'hypothèse guidant le travail expérimental est que l'entraînement de la capacité lexicale orale (accès au lexique, vitesse de dénomination et vocabulaire) pourrait avoir des effets positifs sur la lecture.

Le programme met en jeu quatre sections permettant de travailler sur les mots.
Les enfants sont évalués avant et après l'intervention avec un certain nombre d'épreuves et de tests de langage oral. L'analyse des performances avant et après l'intervention montre une progression significative des enfants dyslexiques dans deux domaines :
- la dénomination rapide alternée (qui n'a pas été entraînée durant le programme), ce qui suggère un possible effet de généralisation,
- la richesse et la profondeur du vocabulaire.

Les auteurs se proposent de systématiser ce programme et d'en évaluer ultérieurement l'effet sur les capacités de lecture.

Les programmes portant sur la lecture

Ces programmes ont pour objectif explicite d'entraîner et d'automatiser les stratégies de lecture des enfants (déchiffrage et compréhension) en utilisant plusieurs paradigmes.

AUTRE EXEMPLE
LE TRAVAIL DE ZVIA BREZNITZ

Cette chercheuse conçoit la vitesse de lecture non comme un résultat des difficultés de décodage, mais comme une variable indépendante qui influence la qualité de la lecture.

Elle émet l'hypothèse que l'enfant dyslexique, dont les processus phonologiques sont défaillants, et qui a de ce fait un traitement ralenti, peut bénéficier d'un programme :
- qui accélère la vitesse de lecture,
- qui déconnecte l'activité de lecture du traitement auditif/-phonologique.

Elle teste cette hypothèse en proposant un programme expérimental à un groupe d'enfants dyslexiques et à un groupe d' enfants bons lecteurs, et en introduisant deux conditions [14]. Le programme, qui est d'ordre expérimental, se déroule sur deux séances.
Dans la *1ère condition*, on propose aux enfants un programme informatisé de lecture. Les enfants lisent d'abord à voix haute un texte de 2 ou 3 phrases, qui disparaît de l'écran après la lecture. À partir du temps mis par l'enfant pour lire le texte, on calcule la vitesse de lecture totale et on définit un temps par lettre, plus rapide que celui utilisé par l'enfant.
On propose ensuite à l'enfant une nouvelle lecture à voix haute, mais cette fois les lettres disparaissent au fur et à mesure de la lecture, selon la vitesse accélérée forcée qui a été déterminée.
Dans la *2ème condition*, les enfants effectuent les mêmes tâches mais ils entendent en même temps une chanson familière.

La compréhension des textes lus est évaluée à chaque fois par un questionnaire à choix multiple.

Les résultats montrent que les enfants bons lecteurs et les enfants dyslexiques ont de meilleures performances de déchiffrement et de compréhension lorsque leur temps de lecture est accéléré de manière artificielle.
En revanche, les enfants dyslexiques bénéficient beaucoup plus que les enfants bons lecteurs du masquage auditif apporté par la chanson, qui gêne les bons lecteurs.
Ces résultats suggèrent que les enfants dyslexiques ont été amenés, dans la deuxième condition expérimentale (accélération de lecture et écoute d'une chanson), à ne pas utiliser la médiation phonologique qui est chez eux défaillante, et à recourir à des stratégies orthographiques et contextuelles différentes.

La validation des pratiques orthophoniques

Dans le domaine de l'orthophonie qui a en charge depuis des décennies ces troubles, les méthodes de rééducation et de remédiation se sont multipliées. Leur validation est cependant difficile.

D'une part, les orthophonistes doivent répondre à une demande thérapeutique qui les assujettit peu ou prou à une obligation de résultats, avec des enfants très différents les uns des autres.

D'autre part, selon leur formation et leur sensibilité, selon la relation qu'ils ont nouée avec l'enfant, les praticiens ajustent la méthode et le matériel utilisé, en tenant compte des besoins (nécessairement changeants) de l'enfant et des aléas de son investissement dans le travail rééducatif.

De ce fait, les praticiens utilisent le plus souvent des combinaisons de méthodes, dont la programmation est variable suivant les caractéristiques individuelles des enfants, les troubles qu'ils présentent, ou leur motivation.

L'analyse des fondements théoriques et méthodologiques des techniques de rééducation ou de remédiation semble a priori plus aisée à réaliser pour les outils issus de la recherche scientifique que pour les outils issus de la pratique orthophonique. Les chercheurs ont construit leurs outils à partir de modèles théoriques explicites, d'hypothèses formalisées, de méthodologies précises. Ils ont respecté des procédures scientifiques de validation, avec mise en place d'essais expérimentaux et constitution de groupes d'entraînement comparés à des groupes contrôle.

En contraste, les outils issus de la pratique orthophonique sont parfois présentés sans rationnel scientifique et méthodologique, et sans véritables études de validation. Ils sont cependant manifestement guidés par des principes qui ont une rationalité.

Ainsi, des méthodes ont été créées par des orthophonistes : entraînement de la conscience phonologique, de la mémoire de travail, méthode de lecture par imprégnation syllabique, logiciels de remédiation de la lecture. Les orthophonistes ont généralement construit leurs outils soit à partir d'études réalisées dans les écoles d'orthophonie (sous la direction d'enseignants et de chercheurs, en vue de la rédaction du mémoire permettant l'obtention du certificat de capacité), soit à partir de leur expérience clinique et théorique.

Le contexte de création de ces outils n'est dépourvu ni de théorie, ni de méthodologie, mais il est insuffisamment formalisé sur le plan scientifique. Il serait important d'expliciter les théories et méthodologies implicites qui sont à l'œuvre dans ces outils, et de définir le cadre scientifique qui permettrait de les valider.

La validation de ces méthodes n'est pas aussi aisée qu'il y paraît lorsqu'elles reposent sur la comparaison de groupes d'enfants dyslexiques pris en charge par des orthophonistes différents. À symptôme égal — avec des difficultés de lecture apparemment similaires — les enfants peuvent avoir des profils cognitifs différents, des environnements sociaux et éducatifs différents, des niveaux très différents de motivation.

Il est extrêmement difficile de constituer des groupes suffisamment importants et homogènes d'enfants dyslexiques ayant le même niveau de lecture et d'orthographe, le même niveau intellectuel, le même profil cognitif, le même contexte socio-culturel et éducatif, la même motivation. Cette réserve critique doit d'ailleurs être appliquée aux travaux issus de la recherche scientifique.

Deux objectifs semblent envisageables

- recenser les méthodes et les outils mis en œuvre de façon invisible par les orthophonistes, analyser leurs fondements théoriques (quelles procédures ces outils font travailler chez l'enfant, quels mécanismes cognitifs ils sollicitent), leur méthodologie, les types d'enfants ou les types de situations auxquels ils sont appliqués ;

- valider les outils déjà réalisés et édités en les proposant à des groupes d'enfants dyslexiques.
Cette validation pourrait se faire sur un mode longitudinal, en travaillant avec le même groupe d'enfants. Après avoir évalué avec une grande précision leur profil cognitif et linguistique, on leur proposerait une méthode durant un temps déterminé, on réévaluerait leur profil, on leur proposerait une nouvelle méthode à l'issue de laquelle on réévaluerait de nouveau leur profil.

La réévaluation devrait également être réalisée à une époque ultérieure (lorsque l'enfant n'est plus en rééducation) et inclure des domaines non directement travaillés durant la rééducation.

Une telle étude longitudinale serait doublement intéressante. Elle permettrait de contourner l'obstacle de l'hétérogénéité des groupes, de tenir compte des différences interindividuelles, et d'analyser les effets des méthodes non seulement sur la lecture, mais également sur l'ensemble des compétences et des défaillances de l'enfant.
En effet, il s'agit de voir si les bénéfices se sont maintenus à long terme et si l'enfant s'est approprié des stratégies et les a appliquées tout seul à de nouvelles tâches ou à de nouveaux domaines. C'est là, en effet, l'objectif d'une rééducation ou d'une remédiation réussie.

CONCLUSION

Monique Plaza

Les connaissances accumulées depuis des décennies nous permettent de comprendre ce que représente l'acte de lire pour un enfant, et comment cette merveilleuse activité peut être entravée et devenir une torture. Elles nous permettent d'évaluer finement les troubles dans leur aspect fonctionnel, et de comprendre comment les enfants les vivent et tentent de les compenser.

Nous saisissons de mieux en mieux quels processus linguistiques, cognitifs, neurologiques, génétiques, peuvent sous-tendre les dyslexies de développement. Mais chaque nouvelle recherche ouvre de nouvelles hypothèses, et relativise celles qui s'étaient affirmées antérieurement. Ce tâtonnement est le propre de la science, dont Popper disait qu'elle est par nature falsifiable. La prudence scientifique nous conduit à affirmer que si nous savons beaucoup de choses concernant les mécanismes et processus qui conduisent à la dyslexie, nous n'avons pas pour autant trouvé les causes premières des troubles.

Les recherches génétiques montrent qu'il existe une facteur de vulnérabilité linguistique dans certaines familles. Cependant, l'hypothèse génétique ne suffit pas pour répondre à la question du " pourquoi ". En premier lieu, parce qu'il existe un grand nombre de dyslexies qui n'ont pas de composante familiale. En second lieu, parce qu'une anomalie génétique ne donne lieu à un trouble que lorsque certaines conditions sont réunies.

La *1ère condition* est l'environnement linguistique. Avec un profil génétique semblable, une personne anglaise (dont l'orthographe est complexe et opaque) présentera une dyslexie phonologique importante, alors qu'une personne italienne (dont l'orthographe est plus simple et plus transparente) pourra ne présenter aucun trouble fonctionnel évident de la lecture.

La *2ème condition* est constituée par l'expérience socioculturelle et pédagogique de l'enfant, qui peut potentialiser certaines vulnérabilités cognitives et linguistiques.

Les recherches neurobiologiques nous apportent un éclairage fascinant sur la façon dont le cerveau traite le langage écrit, nous confirmant que les sujets dyslexiques utilisent des stratégies atypiques de lecture qui ont pour corrélats des dysfonctionnements et/ou des anomalies morphologiques cérébrales. Ces travaux montrent également que le traitement (l'entraînement, ou la " remédiation ") de ces dysfonctionnements pourrait non seulement améliorer les performances de lecture, mais également modifier les schémas d'activation cérébrale.

Ces théories sont d'autant plus intéressantes qu'elles ne considèrent pas le corrélat cérébral d'une activité mentale comme la cause de cette activité, et qu'elles envisagent l'interrelation du fonctionnement cérébral et de l'expérience de l'enfant. Car si un enfant — pour des raisons diverses — a appris à lire avec une stratégie déviante, il est évident que les schémas d'activation de son cerveau seront différents de ceux observés chez un enfant bon lecteur... et tendront à se normaliser s'il normalise sa lecture.

Nous devons constamment mettre en perspective nos connaissances. Cela est possible si nous réintégrons nos hypothèses et notre savoir dans le contexte génétique, neurophysiologique, psychologique, socioculturel de l'enfant. Le modèle théorique général des dyslexies doit tenir compte par principe de tous ces éléments, même si les chercheurs des différentes disciplines choisissent, en fonction de leurs compétences, de se focaliser sur l'un ou l'autre aspect.

Du point de vue de la prise en charge des troubles, une énorme masse de connaissances et de savoir-faire a été développée par les orthophonistes sur un mode essentiellement empirique, et demande à être analysée, objectivée. L'un des chantiers qui s'ouvre à nous aujourd'hui concerne la prise en charge des composantes cognitives des troubles du langage écrit (mémoire, attention...) que la psychologie cognitive et la neuropsychologie ont commencé à développer.

Nous terminerons cependant sur un petit bémol. Si nos connaissances évoluent, si nous disposons de bonnes méthodologies pour l'évaluation diagnostique, le repérage précoce et la prise en charge des difficultés de langage écrit, nous manquons dramatiquement de moyens en termes de personnel.

Les orthophonistes ont mis en place des formations pour affiner l'évaluation et la prise en charge des troubles dyslexiques, et ont obtenu une revalorisation tarifaire de leurs actes diagnostiques. Mais ils ne sont pas suffisamment nombreux.

En parallèle, le nombre de psychologues qualifiés en neuropsychologie reste largement insuffisant, et leurs actes ne sont pas pris en charge par la Sécurité sociale. De ce fait, l'approche pluridisciplinaire qui est nécessaire pour le diagnostic des troubles les plus sévères, ne peut être réalisée que dans certains centres hospitaliers, labellisés pour la plupart comme centres de référence, sans dotation supplémentaire, ce qui aboutit à une surcharge et à la création de longues listes d'attente.

Le dépistage précoce des difficultés de langage écrit est indispensable pour éviter aux enfants en difficulté d'entrer dans la spirale de l'échec et de la souffrance. Il est pourtant aujourd'hui réalisé de manière extrêmement inégale. Dans le pire des cas, il n'existe pas. Parfois, le manque de moyens aboutit à en confier la responsabilité à un personnel peu ou mal qualifié, ce qui ne semble pas être une sage et déontologique solution.

Les rapports de la dyslexie avec l'école, enfin, restent en grande partie à construire. Il est important de cesser d'opérer un clivage entre la recherche formaliste et fonctionnaliste sur la lecture et la recherche sur le sens de la lecture et le désir de lire. À trop vouloir faire de la dyslexie une maladie, à trop vouloir la tenir à l'écart des variables pédagogiques et sociales, on court le risque de dessaisir l'école, et plus largement la société, de la question de la transmission du savoir lire. Aucun enfant n'aurait à y gagner.

Annexe : Intégration scolaire des élèves dyslexiques : propositions de l'Académie de Montpellier

Renée Cheminal, praticien hospitalier, médecin responsable du centre référent Troubles du langage de l'hôpital Saint -Éloi, Montpellier
Christine Davy-Aubertin, médecin scolaire, membre de l'Inspection académique de l'Hérault
Alain Hirt, inspecteur de l'Éducation nationale, Académie de l'Hérault

Le 21 mars 2001, à la suite du rapport de Jean-Charles Ringard et Florence Veber, les troubles spécifiques du langage écrit ont été reconnus de manière officielle par la présentation d'un Plan d'action des ministères de l'Éducation nationale, de la Santé et du secrétariat d'État aux Handicapés.

Cependant, la reconnaissance de la dyslexie comme un handicap donnant droit à des aménagements scolaires est plus ancienne puisque les dispositions spéciales pour les examens (circulaire n° 85-302 du 30 août 85 concernant l'organisation des examens publics pour les candidats handicapés physiques, moteurs ou sensoriels) ont été étendues aux élèves dyslexiques (note de service DESCO/A3/ChR/n°483 aux recteurs d'Académie concernant " la prise en compte des candidats aux baccalauréats général et technologique invoquant un handicap afin de demander un aménagement particulier lors des épreuves de l'examen ", où il est notifié que la dyslexie et la dysorthographie figurent sur la liste des handicaps et maladies dressée par le décret n°93-1216 du 4 novembre 1993).

Depuis presque vingt ans, nous avons été amenés à réfléchir sur l'optimisation des possibilités d'intégration scolaire des enfants dyslexiques. En effet, si ces élèves ont en commun le fait d'être dyslexiques, il existe entre eux d'importantes variations individuelles liées aux facteurs cognitifs, aux facteurs environnementaux, au type de dyslexie, à la sévérité de la dyslexie.

La prise en compte de ces facteurs communs et des variations individuelles garantit la réussite d'une intégration.

Un certain nombre d'enfants dyslexiques, porteurs de formes particulièrement sévères, souvent associées à d'autres troubles instrumentaux et à des capacités intellectuelles limites, devront bénéficier d'une orientation vers des classes spécialisées de l'Éducation nationale, éventuellement vers des établissements spécialisés.

Pour les autres, il est légitime d'espérer d'une intégration réussie dans le cadre ordinaire que le niveau atteint par l'élève soit conforme à son potentiel intellectuel. Il faudra construire un projet de scolarité et d'orientation adapté à ses possibilités, à ses souhaits, en tenant compte des besoins en rééducation, et en s'appuyant sur des aides techniques et pédagogiques.

Il nous paraît important de garantir le maximum d'autonomie à chaque élève. Les parents d'élève dyslexique ont souvent dû s'impliquer de manière importante dans la vie scolaire de leur enfant, et ce, même quand cet enfant grandit et devient adolescent.

Les adaptations mises en place dans le cadre de l'école devraient permettre de dégager au maximum les parents de cette fonction de tuteur pédagogique et de leur rendre leur rôle de parents. Par ailleurs, les adaptations proposées doivent utiliser des outils accessibles à l'élève et le rendre le moins dépendant possible des autres élèves et des adultes.

UN CERTAIN NOMBRE DE POINTS THÉORIQUES DOIVENT ÊTRE PRIS EN COMPTE

Législation

Les dispositions spéciales pour les examens prévoient la possibilité de majorer d'un tiers le temps de composition pour les épreuves écrites et le temps de préparation pour les épreuves orales, de bénéficier de la dictée aménagée ou de la dictée à trous pour le brevet des collèges, d'utiliser un ordinateur avec traitement de texte et correcteur orthographique, voire, dans certains cas extrêmes, d'obtenir l'assistance d'un secrétaire qui écrit sous la dictée pour l'ensemble des examens.

Les difficultés de l'élève dyslexique

La dyslexie étant un trouble durable, les élèves dyslexiques vont évoluer en s'adaptant à ce trouble et en mettant en place des stratégies de compensation essentiellement dans la compréhension de l'écrit. Cependant, un certain nombre de difficultés dans l'accès au langage écrit, à la fois dans le versant réceptif et dans le versant expressif, tendent à persister.

On peut voir se majorer l'inadaptation scolaire alors même que l'enfant a bien progressé en lecture.

Les difficultés spécifiques durables

Le langage écrit est un outil indispensable à la scolarité de manière directe, mais il est également fondamental dans la vie quotidienne et culturelle. En ce sens, la dyslexie est responsable de désavantages indirects qu'il faudra essayer de réduire au maximum.

Les difficultés interférant avec la scolarité nécessiteront des adaptations permanentes, qui devront être modulées en fonction du niveau scolaire, non seulement en français mais également dans toutes les matières.

Les troubles du langage oral

Certains sont infra-cliniques et justifient une rééducation au moment de l'apprentissage : il s'agit des troubles de la conscience phonologique. Ultérieurement, témoins des difficultés spécifiques, ils ne nécessitent aucune prise en charge particulière. D'autres, comme les difficultés d'accès au vocabulaire et les maladresses dans l'utilisation de la syntaxe, gêneront les possibilités d'expression orale et surtout écrite, et nécessiteront une réflexion sur la méthodologie de travail.

Les troubles de la lecture

- Les difficultés de lecture oralisée persistent souvent, même chez un lecteur adulte.
- La lenteur de compréhension rend souvent la lecture peu attrayante pour les élèves dyslexiques. Des contresens sont possibles, d'abord dans le travail en lecture puis progressivement dans toutes les matières, y compris en mathématiques, matière où l'enfant était initialement plus performant.

Les troubles de l'orthographe

Ce sont les troubles les plus durables et les plus invalidants de ces élèves : l'analyse de leurs devoirs, de leurs cahiers et... des commentaires des enseignants, sont particulièrement informatifs.

Tout se passe comme si l'élève dyslexique :

- n'avait pas une mémoire stable de l'orthographe correcte, d'où des fautes imprévisibles, variables,

- relisait ce qu'il a pensé et non ce qu'il a écrit, d'où des fautes dites bêtes, des oublis...

- pouvait repérer certaines fautes mais n'arrivait pas à les corriger, d'où des ratures et des surcharges.

La copie est un exercice particulièrement difficile pour cet élève : copier suppose une lecture correcte, une mémorisation et une transcription. L'élève dyslexique accomplit un exercice de graphisme pendant lequel il copie lettre à lettre lentement avec un mauvais accès au sens. Les autres élèves sont en train de réaliser l'exercice pendant que lui essaie de lire et de comprendre l'énoncé qu'il a mal copié...

Il est clair que la prise de notes et la relecture de ses propres notes constitueront un exercice hasardeux.

D'autres troubles sont plus ou moins associés :

- troubles du graphisme : le graphisme est maladroit, lent, majorant l'inintelligibilité du message écrit. Il s'agit plus d'un trouble de la programmation du geste que d'une maladresse.

- troubles du calcul et en particulier trouble de l'évocation des chiffres, difficulté de mémorisation des tables de multiplication.

- troubles de l'attention : associés de manière fréquente à des troubles du langage écrit (40 % des cas), ils en majorent les conséquences.

Les troubles secondaires et la majoration du handicap

Progressivement, on voit un sentiment de dévalorisation s'instaurer, lié à l'intrication des difficultés propres, de leurs conséquences dans la vie quotidienne, et des réactions de l'entourage :

- commentaires désobligeants des enseignants qui ne comprennent pas la discordance entre la sévérité des difficultés rencontrées et les potentialités de l'élève.
- place particulière des parents qui seront répétiteurs, secrétaires, intermédiaires avec les enseignants et, accessoirement, parents ayant leur propre profession et épuisés...
- moqueries des copains,
- la surcharge d'emploi du temps chez cet élève particulièrement lent qui a besoin de rééducations individuelles, le prive de loisirs, de récréations, ce qui l'isole éventuellement encore plus de ses copains,
- autoévaluation négative de l'enfant qui ne comprend pas pourquoi tout est si difficile pour lui, pourquoi il fait ces fautes bêtes.

Ce sentiment de dévalorisation peut se transformer en véritable état dépressif, et aboutir à une majoration des difficultés de l'élève.

Organisation pratique

Mesures d'adaptation proposées

Pour chaque difficulté, les mesures proposées seront fonction des difficultés éventuelles et des mesures d'adaptation légales. Elles reposent donc sur un bilan individuel permettant d'affirmer le diagnostic, de typer la dyslexie, d'apprécier la sévérité et le degré du handicap.

Nous donnons ici l'organisation de l'intégration et des exemples de proposition d'aide, en sachant qu'il ne s'agit pas de propositions exhaustives. Pour chaque enfant, il faut inventer avec ses enseignants et ses rééducateurs. Nous ne parlerons pas du type de rééducation proposée mais de l'intégration des rééducations dans l'emploi du temps.

Mise en place d'un projet personnalisé

Le projet sera formalisé soit sous forme de PAI (Projet d'accueil individualisé), soit sous forme de contrat d'intégration lors d'une réunion avec les enseignants et les parents. Ce projet permet d'inventer avec l'équipe enseignante concernée, l'équipe de soin, et les parents, les solutions les plus adaptées à un élève.

L'élève concerné sera informé du projet, il est important de lui expliquer à nouveau le mécanisme de ses difficultés et éventuellement de les expliquer aux autres élèves de la classe.

Ce projet comporte plusieurs volets : nous énumérerons un certain nombre de principes qui doivent être adaptés à chaque élève.

Mesures proposées

Le choix de la rééducation

Il est fait en fonction du bilan, intégré si nécessaire dans l'emploi du temps scolaire. En accord avec les enseignants, on peut proposer l'utilisation de matériel scolaire pour la rééducation. Utiliser un énoncé de mathématiques pour travailler la compréhension du langage écrit peut être utile : cela peut permettre de diminuer au maximum la surcharge d'emploi du temps chez ces enfants particulièrement lents.

Le projet pédagogique

Il doit être aménagé en fonction du projet de l'enfant, de ses possibilités globales, de la sévérité des difficultés dans certains domaines et de l'orientation que l'on peut éventuellement prévoir. Par exemple : on a pu proposer l'évitement de l'anglais (langue redoutable pour les dyslexiques) pour tel enfant qui avait le désir de s'orienter vers une profession manuelle, et proposer au contraire un renforcement de l'anglais pour un élève s'orientant vers une carrière scientifique. On peut préconiser de ne pas proposer l'anglais en sixième à un enfant tout en lui laissant la possibilité de l'étudier à partir de la quatrième. Dans tous les cas, il faut travailler l'aspect de communication orale et écrite de la langue. La notation doit pouvoir refléter l'aspect communicationnel plus que formel.

Ce projet sera donc envisagé matière par matière, avec les enseignants concernés, en préconisant des adaptations utiles, et en adoptant des critères de notation pour respecter à la fois une notation juste des connaissances et une prise en compte du handicap.

Les adaptations pédagogiques proposées

Aide à la prise de notes

La prise de notes est, nous l'avons dit, un exercice peu fiable, grand consommateur d'énergie, avec un rendement faible.

Différentes mesures vont donc être proposées :

- demander aux enseignants de donner le programme des cours à venir pour que les élèves dyslexiques puissent, s'ils le souhaitent, commencer à les lire dans leur manuel scolaire. L'écoute des cours en prenant des notes éventuellement parcellaires sera alors plus profitable,
- insister sur l'utilisation de manuels scolaires : les donner en double, pour que les élèves puissent éventuellement surligner (ce travail de préparation personnel dès les premières classes du collège peut être bénéfique à l'ensemble de la classe),
- donner accès à la photocopieuse, mais veiller à ce que les notes fournies par les autres élèves soient correctes et fiables.

Autres difficultés d'orthographe et graphisme

- Ne pas faire recopier les énoncés écrits au tableau.
- Autoriser le travail sur ordinateur, d'abord pour le travail fait à la maison puis lors des contrôles.
- Éviter d'enlever des points pour l'orthographe dans toutes les matières.
- Ne pas faire figurer dans la moyenne les notes de dictée.
- Pour un petit nombre d'enfants, on peut proposer une interrogation à l'oral, mais cela suppose une grande rigueur de pensée. La dictée à un secrétaire permet de voir écrit ce que l'on a voulu exprimer.

Compensation des difficultés de lecture

- Lire les énoncés et les consignes à l'ensemble de la classe.

Gestion du tiers temps au quotidien

- donner du temps supplémentaire : distribuer la copie en premier, ne pas l'arracher... Cela suppose d'apprendre à gérer le temps, exercice qui peut également être utile pour l'ensemble des élèves.

- les corriger sur l'ensemble du travail réalisé, si l'organisation de la journée de classe ne permet pas de donner du temps supplémentaire lors des contrôles. Certains enseignants ont proposé de donner une double notation : note sur les contrôles et note sur l'ensemble du travail, pour avoir une approximation de ce que serait leur note s'ils disposaient d'un temps supplémentaire.

L'ordinateur, outil pédagogique

Son intérêt est évident dans différents domaines :

- graphisme
- correcteur d'orthographe
- dictionnaire des synonymes
- méthodologie : séparer les idées de la forme

Il est important de préciser que l'objectif de son utilisation est principalement le rendu du travail scolaire et les contrôles, et non la prise de notes qui est un travail de secrétaire entraîné. L'intérêt de l'ordinateur portable est la maniabilité dans les déplacements éventuels et la possibilité d'aller faire ses devoirs en tout lieu, éventuellement dans certaines bibliothèques.

L'apprentissage du traitement de texte se fera à partir du CM1, ou éventuellement dès le CP, quand la dysgraphie associée est particulièrement sévère.

Cet apprentissage sera fait par une personne compétente : ce n'est pas obligatoirement le rôle d'une ergothérapeute ou d'une psychomotricienne. L'ordinateur est un outil et non une fin en soi. Un enseignant, un aide éducateur ou un orthophoniste peuvent aider un élève à utiliser un traitement de texte dans l'objectif d'un travail scolaire.

On est parfois surpris de réaliser qu'un certain nombre d'élèves dyslexiques savent parfaitement l'utiliser. Les professionnels doivent intervenir sur la réflexion dans les corrections orthographiques.

Le choix de l'orientation se fera en fonction
- du potentiel global,
- des connaissances et des lacunes,
- des points forts et des centres d'intérêt de l'élève.

Un certain nombre de dyslexiques auront un cursus scolaire et universitaire sans problème. Pour d'autres, ce choix est un moment difficile. Des parents habitués à se battre pour une scolarité normale peuvent avoir des difficultés à accepter une scolarité plus courte. Nous avons vu des parents accepter une scolarité en BEP ou en SEGPA pour des enfants non dyslexiques et la refuser pour le frère dyslexique.

Un travail de soutien et d'explication sur l'intérêt de diplômes professionnels et des parcours possibles est alors nécessaire.

Conclusion

Ces mesures essentielles pour aider les enfants dyslexiques supposent de reconnaître que la dyslexie est un handicap, et de rappeler l'origine de ce terme à des parents qui le perçoivent comme péjoratif ou dévalorisant. Nous avons déjà noté qu'il s'agissait d'un terme anglais appliquée à la course de chevaux désignant une épreuve dans laquelle on pénalisait certains concurrents pour donner à tous des chances égales à la victoire. Ce terme concerne donc une pénalité au départ. La dyslexie et la dysorthographie sont de véritables handicaps qui peuvent entraver la communication écrite. La reconnaissance du handicap permet d'égaliser les chances à l'arrivée.

Nous avons fait des propositions susceptibles d'aider les élèves dyslexiques en dehors des formes particulièrement sévères, qui sont du ressort de l'Éducation spéciale en liaison avec les professionnels de santé. En ce qui concerne les élèves dont nous avons parlé, il convient de rappeler le rôle des réseaux d'aides spécialisés pour les élèves en difficulté : à la fois dans la remédiation des difficultés rencontrées par les élèves dyslexiques dans leurs apprentissages, et dans l'explicitation aux enseignants de ces difficultés.

Bibliographie

[1] Adair J, Schwartz R, Wiliamson D, Raymer A, Heilman K (1999). *Articulatory processes and phonological dyslexia*. Neuropsychiatry, Neuropsychology and Behavioral Neurology, 12 (2), 121-127

[2] Aghababian V et Nazir T (2000). *Developing normal reading skills : aspects of the visual processes underlying word recognition*. Journal of Experimental Child Psychology, 76, 123-150

[3] Alexander A.W, Anderson, HG, Heilman, PC et al. (1991). *Phonological awareness training and remediation of analytic decoding deficits in a group of severe dyslexics*, Annals of Dyslexia, 41, 193–206

[4] Alla F, Guillemin F, Colombo MC, Roy B, Maeder C (1998). *Valeur diagnostique de ERTL-4: un test de repérage des troubles du langage chez l'enfant de 4 ans*. Archives de Pédiatrie, 5, 1082-1088

[5] Baddeley (1993) . *La mémoire humaine*. Grenoble : Presses Universitaires de Grenoble

[6] Bakker D (1992). *Neuropsychological classification and treatment of dyslexia*, Journal of Learning Disabilities, 25, 102-109

[7] Bar-Shalom E, Crain S et Shankweiler D (1993). *A comparison of comprehension and production abilities of good and poor readers*. Applied Psycholinguistics, 14, 197-227

[8] Beller I (1994). *La rééducation sémiophonique de la dyslexie*, ANAE, 29:168-179

[9] Bertoncini J et de Boysson Bardies B (2000). *La perception et la production de la parole avant deux ans*. In Kail et Fayol (Eds). *L'acquisition du langage. Le langage en émergence.*
De la naissance à trois ans. Paris : PUF

[10] Billard C, Gillet P, Galloux A, Piller AG, Livet MO, Motte J, Vallée L (2000). BREV. *Une batterie clinique d'évaluation des fonctions cognitives. Résultats chez 500 enfants normaux*. Archives françaises de pédiatrie, sup 7, 128-130

[11] Bonnelle M (2002). *La dyslexie en médecine de l'enfant*. Marseille: Solal

[12] Boder E (1973). *Developmental dyslexia : a diagnostic approach based on three atypical reading-spelling patterns*, in Developmental Medicine and Child Neurology, 15, 663-687

[13] Borel-Maisonny S (1963). *Langage oral et écrit*. Neuchatel : Delachaux et Niestlé

[14] Breznitz Z (1997). *Enhancing the reading of dyslexic children by reading acceleration and auditory masking*. Journal of Educational Psychology, 89 (1), 103-113

[15] Bullinger (1990). *Conditions et aspects sensori-moteurs de la lecture*, in N. Zavialoff (ed) La lecture, vol. 2 Psychologie et neuropsychologie. Paris : L'Harmattan, collection converssciences, pp. 63-74

[16] Carlisle JF (1995). *Morphological awareness and early reading achievement*. In L.B. Feldman (Ed), Morphological aspects of language processing. Hillsdale: Lawrence Erlbaum Associates

[17] Casalis S (1995). *Lecture et dyslexies chez l'enfant*. Lille : PUL

[18] Chassagny C (1971). *La rééducation du langage écrit*. Paris : Néret

[19] Cheminal R et Brun V (Eds). *Les dyslexies*. Paris : Masson

[20] Chevrie-Muller C, Goujard J, Plaza M, Simon A-M, Dufouil C (1999). *Questionnaire " Langage et comportement – 3 ans /12 "*, les Cahiers Pratiques d'ANAE, PDG Communication (Manuel révisé et augmenté)

[21] Colé P et Fayol M (2000). *Reconnaissance des mots écrits et apprentissage de la lecture : rôle des connaissances morphologiques*. In M. Kail et M. Fayol (Eds), *L'acquisition du langage. Le langage en développement. Au delà de trois ans*. Paris : PUF, pp 151-182

[22] Coquet F (2000). *Le DPL 3 : mises en perspective*.
Rééducation orthophonique, 204, 53-64

[23] De la Garanderie A (1981). *Les profils pédagogiques*. Paris : Bayard

[24] Ferrand P (2000).*PER 2000. Protocole d'évaluation rapide*. Ortho Édition, Isbergues

[25] Eckert MA, Leonard CM, Richards TL, Aylward EH, Thomson J, Berninger VW (2002). *Anatomical correlates of dyslexia : frontal and cerebellar findings*. Brain, 126, 482-494

[26] Ehri L (1997). *Apprendre à lire et apprendre à orthographier, c'est la même chose ou pratiquement la même chose*. In L. Rieben, M Fayol et C Perfetti (Eds), Des orthographes et leur acquisition. Neuchâtel: Delachaux et Niestlé

[27] Elbro C, & Arnbak (1996). *The role of morpheme recognition and morphological awareness in dyslexia*. Annals of Dyslexia, 46, 209-240

[28] Estienne F et Van Hout A (1994). *Les dyslexies*. Paris : Masson

[29] Estienne F (1971). *Lecture et dyslexie*. Paris : Editions universitaires

[30] Etard O et Tzourio-Mazoyet N (2002). *La production et la compréhension du langage*. In Houdé, Mazoyer et Tzourio-Mazoyer (Eds). Cerveau et Psychologie. Paris : PUF, pp. 437-468

[31] Fisher SE, Francks C, Marlow AJ, MacPhis IL, Newbury DF, Cardon LR, Ishikawa-Brush Y, Richardson AJ, Talcott JB, Gayan J, Olson RK, Pennington BF, Defries JC, Stein JF, Monaco AP. (2002). *Independent genome-wide scans identify a chromosome 18 quantitative-trait locus influencing dyslexia*. Nat Genet,30, 86-91

[32] Frith U (1986). *A developmental framework for developmental dyslexia*, in Annals of Dyslexia, 36, 1986, pp. 9-81

[33] Galaburda AM., Kemper TL (1979). *Cytoarchitectonic abnormalities in developmental dyslexia: a case study*. Ann Neurol , 6, 94-100

[34] Galaburda AM, Livingstone MS (1993). *Evidence for a magnocellular defect in developmental dyslexia*. Ann NY Acad Sci, 682, 70-82

[35] Gelbert G(1994). *Lire c'est vivre*. Paris : Odile Jacob

[36] Gillet P, Hommet C et Billard C (2000). *Neuropsychologie de l'enfant : une introduction*. Marseille : Solal

[37] Gombert J-E (1990). *Le développement des capacités métalinguistiques*. Paris : PUF

[38] Griffiths S, Frith U (2002). *Evidence for an Articulatory Awareness Deficit in Adult Dyslexics*. Dyslexia, 8, 14–21

[39] Grigorenko EL, Wood FB, Meyer MS, Hart LA, Speed WC, Shuster A, Pauls DL (1997). *Susceptibility loci for distinct components of developmental dyslexia on chromosome 6 and 15*. Am J Hum Genet, 60, 27-39

[40] Grigorenko EL, Wood FB, Meyer MS, Pauls JE, Hart LA, Pauls DL. (2001). *Linkage studies suggest a possible locus for developmental dyslexia on chromosome 1p*. Am J Med Genet, 105, 120-9

[41] Habib M (1997). *Dyslexie : le cerveau singulie*r. Marseille : Solal éditeur

[42] Habib M (2000). *The Neurological basis of Developmental Dyslexia : An overview and working hypothesis*. Brain, 123, 2373-2399

[43] Habib M, Robichon F, Chanoine V, Démonet J-F, Frith C & Frith U (2000). *The influence of language learning on brain morphology : The "callosal effect" in dyslexics differs according to native language*. Brain & Language, 74(3), 520-524

[44] Hallgren et al, (1950): *Specific dyslexia : a genetical study*. Acta Psy Neurol , 65, 289

[45] Heiervang E, Hugdahl K, Steinmetz H, Smievoll AI, Stevenson J, Lund A, Ersland L, Lundervold A (2000). *Planum temporale, Planum parietale and dichotic listening in dyslexia*. Neuropsychologia, 38: 1704-1713

[46] Heilman KM, Voeller K, Alexander AW (1996). *Developmental dyslexia: a motor-articulatory feedback hypothesis*. Ann. Neurol., 39, 407-412

[47] Hier DB, LeMay M, Rosenberger PB, Perlo VP (1978). *Developmental dyslexia : evidence for a subgroup with a reversal of cerebral asymmetry*. Arch Neurol, 35, 90-92

[48] Hynd G.W, Semrud-Clikeman M, Lorys AR, Novey ES, Eliopoulos D (1990). *Brain morphology in developmental dyslexia and attention deficit disorder/hyperactivity*. Arch Neurol. 47, 919-26

[49] Inizan A (2000). *Le temps d'apprendre à lire, révision 2000*. Paris : Editions du Centre de Psychologie Appliquée

[50] Ivry RB & Justus TC (2001). *Comment to Nicolson et al. A neural instantiation of the motor theory of speech perception*. T.I.N.S., 24, 513-515

[51] Kolinsky R, Morais J, Cluytens M (1995). *Intermediate representations in spoken word recognition : evidence from word illusion*. Journal of Memory and Language, 34, 19-40

[52] Lalain M, Nguyen N, Habib M (2001). *Articulatory aspects of developmental phonological dyslexia*. Proceedings of the 4th International Motor Speech Conference, Nijmegen, June 13-16, Nijmegen University Press

[53] Larsen JP, Høien T, Lundberg I & Ødegaard H (1990). *MRI evaluation of the Planum temporale in adolescents with developmental dyslexia*. Brain Lang, 39 , 289-301

[54] Lecocq P (1991). *Apprentissage de la lecture et dyslexie*. Liège, Bruxelles : Mardaga

[55] Lecocq P (1993). *La lecture: processus, apprentissage, troubles*. Lille: PUL

[56] Liberman et Mattingly (1985). *The motor theory of speech perception revised*. Cognition, 21, 1-36

[57] Montgomery D (1981). *Do dyslexics have difficulty accessing articulatory information*. Psychological Research, 43, 235-243

[58] Morais J (1994). *L'Art de Lire*. Paris : Odile Jacob

[59] Nicolson RI, Fawcett AJ, Dean P. (2001). *Developmental dyslexia: the cerebellar deficit hypothesis*. TRENDS in Neurosciences, 24 (9), 508-516

[60] Pacton S, Perruchet P, Fayol M, Cleeremans A (2001). *Implicit learning out of the lab : the case of orthographic regulariries*. Journal of Experimental Psychology : General. 130 (3), 401-426

[61] Paulesu E, Démonet J-F, Fazio F , McCrory E, Chanoine V, Brunswick N, Cappa SF, Cossu G, Habib M, Frith CD (2001) *Dyslexia : Cultural Diversity and Biological Unity*. Science, 291 (5511), 2165-2167

[62] Perfetti C (1997). *Psycholinguistique de l'orthographe et de la lecture*. In L. Rieben et C.
Perfetti (Eds), L'Apprenti lecteur. Neuchâtel : Delachaux et Niestlé

[63] Petryshen TL, Kaplan BJ, Fuliu M, Defrench NS, Tobias S, Hughes ML, Field LL.(2001). *Evidence for a susceptibility locus on chromosome 6 influencing phonological coding dyslexia*. Am J Med Genet, 105, 507-17.
[64] Plaza M (1995). *Evolution de la lecture chez une petite fille dyslexique. Des défaillances modulaires à l'expérience de l'enfant*. Glossa, 48, 18-28

[65] Plaza M et Guitton C (1997). *Working memory limitation, phonological deficit, sequential disorder and syntactic impairment in a child with a severe*

developmental dyslexia. Dyslexia, 3, 93-100

[66] Plaza M (1997). *Phonological impairment in dyslexic children with and without early speech-language disorders*. European Journal of Disorders of Communication, 32, 277-290

[67] Plaza M (1997). *Défaillances lexicales, syntaxiques et évaluatives dans le discours narratif d'enfants dyslexiques*. Actes du deuxième Colloque COFDELA, Strasbourg, 14-15 Novembre, 145-153

[68] Plaza M, Guitton C et Le Normand M-T (1998). *Vulnerability of conjunction and verb tense use in the narrative speech of dyslexic children*. Clinical Phonetics and Linguistics. London : Whurr Publishers, 41-46

[69] Plaza M (1999). *Sensibilité phonologique et traitement métaphonologique : compétences et défaillances*. Rééducation orthophonique, 197, 13-24

[70] Plaza M (2002 a). *Pour un modèle intégratif des dyslexies de l'enfant*. Psychologie et Education, 47, 77-90

[71] Plaza M, Chauvin D, Lanthier O, Rigoard M-T et al (2002). *Validation longitudinale d'un outil de dépistage des troubles du langage écrit. Etude d'une cohorte d'enfants dépistés en fin de CP et réévalués en fin de CE1*. Glossa, 81, 22-35

[71] Plaza M, Cohen H et Chevrie-Muller C (2002). *Oral language deficits in dyslexic children : weaknesses in working memory and verbal planning*. Brain and Cognition, 48, 229-235

[72] Plaza M et Touzin M (2002). *Expérience de dépistage des troubles du langage écrit dans un groupe de 267 enfants scolarisés en fin de CP*. ANAE, 14 (1), 20-28

[73] Reynolds CA, Hewitt JK, Erickson MT, Silberg JL, Rutter M, Simonoff E, Meyer J, Eaves LJ (1996). *The genetics of children's oral reading performance*. J Child Psychol Psychiatry, 37, 425-34

[74] Robichon F & Habib M. (1998). *Abnormal callosal morphology in male adult dyslexics: Relationships to handedness and phonological abilities*. Brain Lang, 62, 127-147

[75] Roy B et Alla F (2002). *ERTL 4 et ERTL 6, des outils de repérage des troubles du langage et des apprentissages à l'usage des médecins*. ANAE, 66, 58-62

[76] Sauvageot B et Métellus (2002). *Vive la dyslexie*. Paris : Nil éditions

[77] Ségui J (1991). *La reconnaissance visuelle des mots*. In R Kolinnsky, J Morais et J Segui (Eds), *La reconnaissance des mots dans les différentes modalités sensorielles*. Paris : PUF

[78] Seymour P et Evans H (1999). *Foundation-level dyslexia : assessment and treatment*. Journal of Learning Disabilities, 32 (5), 394-405

[79] Shallice T (1995). *Symptômes et modèles en neuropsychologie*. Paris : PUF

[80] Stanovitch K (1986). *Matthew effects in reading. Some consequences of individual differences in the acquisition of literacy*. Reading Resarch Quaterly, XXI, 4, 360-381

[81] Tallal P, Piercy M (1973). *Defects of non-verbal auditory perception in children with developmental aphasia*. Nature, 241, 468-469

[82] Temple E, Deutsch GK, Poldrack RA, Miller SL, Tallal P, Merzenich MM, Gabrieli JDE (2003). *Neural deficits in children with dyslexia ameliorated by behavioral remediation: evidence from functional MRI*. Proceedings of National Academy of Sciences. 100 (5), 2860-2865

[83] Tomatis A (1994) *Éducation et dyslexie*. Paris : ESF (collection sciences de l'éducation)

[84] Valdois S, Gérard C, Vanault P et Dugas M (1995). *Peripheral developmental dyslexia : a visual attentional account ?* Cognitive Neuropsychology, 12, 31-67

[85] Van Hout A et Estienne F (1994). *Les dyslexies. Décrire, évaluer, expliquer, traiter*. Paris : Masson

[86] Wolf M, & Segal D (1999). *Retrieval rate, Accuracy and Vocabulary Elaboration (RAVE) in reading-impaired children: a Pilot Intervention Program*. Dyslexia: An international journal of theory and practice. 5 (1), 1-27

[87] Wolf M, Goldberg O'Rourke A, Gidney C, Lovett M, Cirino P & Morris R (2002). *The second deficit: An investigation of the independence of phonological and naming-speed deficits in developmental dyslexia*. Reading and Writing : An interdisciplinary journal, 15: 43-72

[88] Zorman M (1999). *Évaluation de la conscience phonologique et entraînement des capacités phonologiques en grande section de maternelle*. Rééducation orthophonique, 197, 139-157

[89] Zorman M (2002). *BSDES 5-6 : un dépistage des difficultés de langage orale et des risques de développer une dyslexie qui ne fait pas l'économie de la réflexion clinique*. ANAE, 66, 48-55

Table des matières

Achevé d'imprimer en août 2004
sur les presses de la Nouvelle Imprimerie Laballery
58500 Clamecy
Dépôt légal : août 2004
Numéro d'impression : 406157

Imprimé en France